作业设计的

30个原则

常生龙 / 著

上海教育出版社
SHANGHAI EDUCATIONAL
PUBLISHING HOUSE

目 录
CONTENTS

序言 ⋯⋯ 1

第一部分
作业设计的
核心理念

1 不放大作业的作用 ⋯⋯ 5

2 把握影响作业的心理要素 ⋯⋯ 10

3 尊重学生之间的差异 ⋯⋯ 15

4 注重作业中的互动 ⋯⋯ 20

5 关注工作记忆的容量 ⋯⋯ 26

6 明晰大脑的工作模式 ⋯⋯ 32

7 巧用间隔学习法 ⋯⋯ 37

8 要有课程意识 ⋯⋯ 43

9 不断评估和改进 ⋯⋯ 48

第二部分
提升作业设计
质量的着力点

10 以作业框架规范作业设计 ⋯⋯ 57

11 细化作业目标 ⋯⋯ 63

12 要有可解释性 ⋯⋯ 68

13 丰富作业类型 ⋯⋯ 76

14 精心设计作业内容 ⋯⋯ 84

15 合理设置作业难度 ⋯⋯ 91

16 作业结构要合理 ⋯⋯ 97

17 要有可选择性 ⋯⋯ 102

18 注重与课程目标、教学的协同 ⋯⋯ 107

19 要重视反馈 ⋯⋯ 113

20 关注作业环境 ⋯⋯ 120

21 强化作业管理 ⋯⋯ 126

第三部分
作业设计的
策略

22 激励学生主动投入 ⋯⋯ 133

23 重视认同和内化 ⋯⋯ 138

24 作业要有序 ⋯⋯ 144

25 着力促进思维能力的提升 ⋯⋯ 150

26 合理安排分层和分类作业的切入点 ⋯⋯ 156

27 发挥长周期作业的效能 ⋯⋯ 162

28 重视项目化作业的价值 ⋯⋯ 168

29 创设合作学习的契机 ⋯⋯ 174

30 探索数字化作业 ⋯⋯ 180

后记 ⋯⋯ 185

序 言

每一个有学校教育经历的人都非常熟悉作业，也都做过无数次作业；但作业似乎又非常神秘，有关作业的理论以及相应的课程非常少见。大多数教师对作业的认识，都是来自自己求学时期的经验。

作业，是教学五环节（备课、上课、作业、辅导、评价）中承上启下的关键环节。学习质量受多种因素影响，而作业必然是重要的影响因素之一。即便如此，教育界对作业的研究依然非常匮乏。很多学校常年不要求教师设计作业。教师往往采取"拿来主义"，将各种印刷成册的教学辅导资料作为学生作业的来源。在很多学校的教研活动中，作业经常被边缘化，很少有机会成为被研究的主题。

学生学习负担问题，一直是人们长期关注的热门话题。导致学习负担过重的因素有很多，而作业肯定是其中一个非常重要的因素。一个吊诡的现象是，很多家长和教师都将作业作为提升学习成绩的"救命稻草"，想方设法给学生布置尽可能多的作业。即便学校坚决执行教育行政部门的相关规定，不再给学生布置过多的作业，家长也会从书店购买若干习题集、练习册，盯着孩子反复操练，以至于学生的学业负担越来越重，学生对学习也越来越没有兴趣。

作业，真的是"熟悉的陌生人"。教师和学生整天和它打交道，但对它的基本属性、设计原则、使用规范知之甚少。推进教育高质量发展，有很多路径和策略。如果能抓住作业这个要素来做文章，那么我们很有可能在不伤筋动骨的情况下，就能让学科的、学校的教育质量发生脱胎换骨的变化。

　　我根据自己对作业的理解，梳理出了作业设计的 30 个原则，从作业设计的核心理念、提升设计质量的着力点、作业设计的策略三个维度做了一些阐述。我希望能给广大教师、教育工作者以及关心教育发展的人们带来一些启发。我的知识视野和能力有限，若有不妥之处，请各位方家批评指正。

第一部分

作业设计的
核心理念

1 不放大作业的作用

在学校里学习一天，回到家里再去做作业，这几乎是每个学生的生活常态。很少有人对学生做作业这件事情提出过质疑，只有当作业过量或者没有作业时，我们才会听到各种质疑或抱怨的声音。很多家长和教师都会给孩子布置各种作业，盯着孩子反复操练。

美国"进步教育运动"领军人艾尔菲·科恩（Alfie Kohn）在《家庭作业的迷思》一书中，对各种机构和个人有关作业的研究进行了详细的梳理和分析，发现学校布置的作业大多是没有价值的。除了增加学生的学习负担、增添学生对学习的厌恶感之外，学校布置的作业对学业成绩的提升并没有什么实质性的帮助。这些作业不仅是孩子的负担，也成了家庭的负担。作业不仅减少了家庭成员之间相互沟通交流的时间，还导致了很多矛盾和冲突，成为家庭中很多问题的根源。

作业有用吗

作业有用论者认为，作业有以下几方面作用。

第一，"写作业"可以带来较高的学业成就以及培养诸如自律、有责任感等美德。

第二，作业可以让家长了解教师的想法、课程内容和教学方针。

第三，作业有助于学生掌握好的学习技巧，做好时间管理。

第四，作业是保持竞争力的基础。在其他学校依然布置作业的情况下，很难要求学校中的任何一个人为作业制度画上句号。

如果不允许布置作业，教师、学校管理者和家长就会感到焦虑，害怕孩子将落后于其他继续埋头做作业的学生。

但是，上述这些作业的作用都没有经过充分的论证。

上文中说作业能帮助学生掌握好的学习技巧、提高学业成就，这里指的是什么样的学习技巧？

很多人以为，将孩子丢进游泳池，他就可以自己学会游泳；让他做大量的作业，他就可以掌握学习的技巧。事实上，这种想法是很天真的。

多数支持作业对学业成就有正面影响的研究，基本上都是基于以下假设：做较多作业的学生，成绩比较好。于是推论：他们之所以有较高的成绩，是因为他们做了较多的作业。但大量研究发现：对中学以下，甚至对高中以下的学生而言，家庭作业和学业成绩（不论用哪一种方法来测量）之间没有整体的正相关[①]。而这一事实却鲜为一般大众所知。

作业能培养学生的责任感吗？

责任感的核心，是对自己做出的决定负责，但我们给学生提供自己决定的机会了吗？我们从来不让学生决定自己是否要做作业，以及做多少、做什么样的作业。从作业的设计到实施，学生几乎没有参与决策的过程，没有机会参与规划他们自己的学习内容，或协助设计他们自己的作业。

教师需要和学生合作，而不是规定学生必须去做一些事情。教师应该鼓励学生谈论他们的想法，了解潜在的概念，并且能够用文字把这些想法、概念呈现出来。学习大大仰赖于教师和学生之间的互动。当学生被人尊重时，当作业值得去做时，大多数学生会接受挑战，努力达到教师的期望。对自己选择主动做作业的学生而言，作业是学习中必不可少的一个环节。而对一项活动的热情，最能激发学生的潜力。

作业有助于学生进行时间管理吗？

有人认为作业有助于学生进行时间管理，这种想法的背后隐含着对学生自己安排时间的不信任感。成人希望将学生一天的时间全部安排好，让他们按部就班地跟着计划走，最好不要越雷池一步。但闲暇时间对学生创造力的培养至关重要，学生需要发呆，需要自己的空间，需要去探索。如果学生连闲暇时间都没有，那么我们培养出来的学生一定没有个性。

---

① 科恩. 家庭作业的迷思 [M]. 项慧龄，译. 北京：教育科学出版社，2017: 26.

作业可以提升学生学习的熟练程度吗？

行为主义认为，反复操练可以增进对学习任务的熟练程度。这就是我们给学生布置大量作业的理论基础。但我们要弄明白，哪些东西可以通过反复练习提升娴熟度？答案是行为反应。网球练习就是如此。学生在学习大多数的学习内容时，大量的练习可以帮助他们越来越精于正确地反应，却无法帮助他们越来越精于思考，甚或习惯于思考。

作业的作用，被人们无限地夸大。家长和教师都以为拉紧这根"绳子"，学生就会在我们规定的方向上获得"飞翔"的能力，而我们也就尽到了应尽的义务。事实上，这只是一种自我安慰。

什么样的作业有用

要改变现状，我们必须对当下的作业进行反思，认真思考"什么样的作业对学生来说是有价值的"，并从作业的编制、类型、内容、实施和评价等多个维度重塑作业。有用的作业应该具备如下特征。

○ 作业能帮助学生学习规划时间

做规划是一个人在一生中应该持续学习和精进的一种本领。学生每天都要面对不同学科、不同类型、不同要求的作业。做作业的过程，也是学生学习规划时间的过程。面对长周期作业，学生需要和他人合作，在较长的一段时间内完成；面对当天要完成，且可能涉及特殊资源、合作者等的作业，学生需要按照轻重缓急、资源利用实际情况、合作者的时间等提前规划，既要保证能够在截止时间内顺利完成作业，还要给自己留出检查和补充完善的时间。

○ 作业能帮助学生创造意义

教育最重要的作用就是使学生成为积极活跃的学习者和意义的创造者。无论是课堂上的学习，还是课后的作业，都应该着重于创造意义，而非背诵规则。美国早期儿童教育专家丽莲·凯兹（Lilian Katz）指出，即使一堂课几乎对智识无益，学生可能还是必须咬牙熬过，因为大家认为这堂课将让他们准备就绪，以应对下一个年级的到来。凯兹把这个现象称为垂直关联，并且用水平关联加以对照。垂直关联总是指向未来，提醒学生今天做的所有事情是为了未来能够获得好的收益。但如果学生在当下不能感受到学习的意义，不能体会到学习的美好，那么让他为未来而努力是不现实的。水平关联强调的是让学生的学习和当下的现实生活建立联结，让学生在现实生活中发现学习的意义和价值，从而爱上学习。很少有学校从水平关联的角度来思考该教学生什么，几乎都是从垂直关联的角度来思考。教学如此，作业也是如此。我们需要从水平关联的视角来重新设计作业。

○ 作业能促进深度理解发生

学生应该参与作业设计，和教师、家长一起规划家庭作业，通过规划了解作业的意图和需要具备的各方面的基础，成为作业的积极构建者。作业要有一定的开放性，能够促进学生的多角度思考、多方位理解。正如美国教育家约翰·杜威（John Dewey）所说，学生所做事情的价值"存在于这件事情激发更多的深刻思考，而不在于这件事情造成更沉重的压力"[①]。当学生发现自己所做的事情非常重要的时候，作业的意义就凸显出来了。教师面临的重大挑战之一，就是通过作业设计激发和维持学生的内在动机。

如何布置有用的作业

让作业发挥正向作用的方式有以下三种。

○ 设计适合家庭的活动

把适合家庭的活动作为作业，有助于建立家庭与学校之间的联结。比如：研究自己的家谱，从中找寻家族演变的规律，或者从给家族带来荣耀的前辈的成长历程中获得启示；和自己的父母探讨某一门课程、某一个问

---

① 转引自：科恩.家庭作业的迷思 [M].项慧龄，译.北京：教育科学出版社，2017: 79.

题，询问他们是如何理解的，还有什么不同的思考路径；利用厨房里的相关器材和原料，做一些有趣的实验，来理解或者解释课堂上所学的相关知识，并由此延伸出一些新的实验、新的发现；和父母一起做手工，通过一些巧妙的小制作来理解原本抽象、枯燥的学习内容，让学习变得有趣……

◯ 设计"不会被看作是作业"的活动

那些在大人的陪伴下，花大量时间进行的活动，学生很喜欢，并且觉得有用处，让他们感到满足，比如烹饪，填字谜，玩文字游戏，玩纸牌游戏，玩棋盘游戏，大声朗读，一起观赏优秀的电视节目，一起在网络上搜寻信息等。越是用这种活动来取代传统的作业，学生越能够从中学习去规划、评估和创造意义，在社交、情绪甚至智识方面的发展也会越好。学生时时刻刻都在学习周遭世界的一切，自然而然地想要尝试理解世界，并挑战自己去突破自己的局限。当学生可以掌控那些影响自己的事情，认为自己可以操控命运，不再只是"棋子"的时候，他在各方面都会表现得比较好。

◯ 加强阅读

阅读的重要性无论如何强调都不过分。特别是在今天这个不确定性越来越大的世界里，一个人在学校所学的知识，在他离开学校之后可能大部分都已经过时了。要想在这个瞬息万变的世界立足，一个基本的途径就是养成良好的学习习惯，而阅读正是帮助学生养成良好学习习惯的一种手段。持续阅读能够帮助学生成为更娴熟的读者，帮助他们了解这个世界的基本运作方式，让他们发现原来有一个无比广阔的世界是可以自己去探索的。阅读本身就是一件好事。如果学生有机会和同学、教师、家长讨论所读的内容，那就好上加好了。

2 把握影响作业的心理要素

上海的一位初中语文教师想了解学生对写作的态度，便对新进校的六年级学生做了一次微调查，没想到调查结果显示有 73.21% 的学生希望取消作文这项作业。可见作文在学生心目中的形象不太好。

怎样让学生爱上作文呢？这位教师决定变革原来的作文要求，对如何引导学生写作进行重新设计。她是这样做的：从六年级语文教学启动伊始，就向学生宣布，不写大作文，每天只写 50 个字的随笔。学生一个个欢呼雀跃。刚开始，教师让学生写"我的妈妈"系列随笔。学生在小学阶段写过无数次妈妈，自然得心应手。但每天写 50 字，一段时间写下来，能抄的抄完了，能编的编完了，学生找不到方向了，迫切需要教师的帮助。教师对学生加以引导："请同学们看一看我的手，手上的皮肤是干燥的，是不是因为不注意保养？不是的。因为我的手天天跟粉笔打交道，所以手会比较干燥。"在教师的启发下，学生开始关注妈妈的局部特征，从手开始，拓展到了身体的其他部位。学生将身体的局部特征大致写完之后，开始写"我的爸爸"随笔系列。学生体会到原来人物的性别差异也是需要关注的细节。之后教师又指导学生观察卖羊肉串的人，观察自己栽种的大蒜头，等等。一个学期下来，每个学生都写了 1.2 万字，而且一点也不觉得烦。学生虽然每天只写 50 个字左右，但因为每天坚持写，持续不断地积累，等到需要写大作文的时候忽然发现自己有话可说，写作不再是一件令人抓狂的烦心事。

这位教师对作文的设计还有一个特点，就是将初中四年①的作文进行

---

① 上海实行"五四"学制，故初中为四年。

了通盘的考虑。什么时候写记叙文，什么时候写说明文，什么时候写应用文，都有具体的规划，因此她的写作教学有条不紊，学生在完成作文的过程中一直兴致盎然。原本让大多数学生头痛的写作，现在成了一种有趣的积累活动。学生在一段时间后回看自己写下的文字，也觉得很有成就感。

学生爱上作业，是因为教师在作业设计中把握住了学生的如下几个心理要素。

态度

态度指的是人们在自身道德观和价值观的基础上对事物的评价和行为倾向，由三个要素构成。

一是通过理性分析对一件事情做出的认同或者不认同的判断，通常被称为认知因素。二是因为喜欢或不喜欢某物产生的感受，通常被称为情感因素。在某些情况下，情感因素和认知因素是不一致的。就拿作文来说，很多学生对提升听、说、读、写这些基础素养是没有异议的，对作文可以提升自己的写作能力也是认同的，对作文的认知因素是正面的。但大多数学生不喜欢作文这项作业也是显而易见的。在作文这项作业上，学生的认知因素和情感因素是矛盾的。学生会出现这样的状况，与此前他们完成作文的经历有直接关系。这位教师通过前期调研，充分理解了学生面对作文这项作业时的情感因素，并着手优化了完成作文的过程，让学生对待作文的认知因素和情感因素能够保持一致，使作文转变为学生喜欢的作业之一。

除了上述两个要素之外，还有一个要素与人的行动有关，通常被称为意向因素。比如：有的学生回家做作业时，总是按照数学、英语、语文、物理等学科的顺序依次来完成，做不完一门学科的作业，就不会碰另一个学科；有的学生做作业的时候只要看到不会的问题就会跳过，最后再来处理；有的学生一有问题就打电话找同学咨询；等等。

上述三个要素互相影响，只要改变其中一个要素，另外两个要素也会跟着变化。那么，在对待作业的态度上，究竟是哪个要素在发挥主要作用呢？科学家和教育领域的专家对这个问题的研究还十分有限，我个人觉得要特别关注情感因素，它取决于作业看起来是否有益，是否令人兴奋，是否令人感兴趣。正面的作业体验容易催生积极的作业态度，教师在设计作业时对此要有清晰的认识。

内在动机

美国心理学家约翰·威廉·阿特金森（John William Atkinson）提出的期望价值理论是动机心理学最有影响的理论之一。该理论认为，动机分为两种：一是追求成功的动机，二是避免失败的动机。当学生面临一项作业任务时，这两种动机通常同时在起作用。如果追求成功的动机大于避免失败的动机，学生就会努力去完成作业任务，即便期间经历了一些挫折或失败，也不会影响他们去完成既定的作业目标，或许这些挫折或失败，还能让他们更想解决问题。当然，这是建立在作业有一定的难度、具有一定挑战性的基础上的。如果学生获得成功太容易，他们做作业的动机就会降低。那些低层次的、重复操练的作业让学生觉得深恶痛绝，原因就在于此。通常情况下，成功概率大约是 50% 的作业任务，最有可能被学生首先选择，因为选择这样的作业任务能给他们提供最大的现实挑战，他们能抵制不可靠的意见，发表自己独立的见解，完成这些任务也能帮助学生在学科学业测试中获得优异的成绩。反之，如果避免失败的动机大于追求成功的动机，学生在选择作业时，就会倾向于选择非常容易或非常困难的任务，选择容易的任务可使他们免遭失败，而选择极其困难的任务，即使失败了，也可找到适当的借口，从而减少失败感。上文中初中语文教师让学生每天写 50 字的随笔，就是让学生在写作时追求成功的动机大于避免失败的动机。

动机从来源上看可以分为外在动机和内在动机两类。外在动机往往由外部诱因引起，与外部奖励相联系。内在动机是由个体内在需要引起的。对学生而言，就是因为对学习任务或活动本身的兴趣所引起的动机，是与自我奖励的学习活动相联系的动机。作业伴随着学生的学习过程而生，要让作业发挥激励学生成长的作用，我们需要着力培养学生的内在动机。内在动机涉及三个重要的内在需求，分别是自主需求、胜任需求和归属需求。

自主需求，是在面对一件事情或者一个挑战时，自己能够做出选择。这实际上就是让学生有控制感，给学生说话算数、可以决定如何去做一件事情的权利；就是要让学生明白，自己做的事情都是自己的选择，所付出的努力也都是因为自己内心的驱使，不是为了获得外在的奖励和夸奖。

胜任需求，是在面对具有挑战性的任务时，学生对自己能够克服挑战的信心。学生可能一时半会儿还不具备把一件事情做好的能力，但家长和教师给予的信任，会让学生产生一种能将事情做好的感觉。这会给他很大的激励，让他一次次地尝试。而在学生每前进一步、获得一些进展的时候，家长和教师的及时鼓励以及对他努力的认可，都会提振他的胜任感，让他坚持不懈，继续前行。

归属需求，是指学生在一个集体中有被关注、被认可的感觉，包括：在家庭生活中，孩子能够感受到父母以及家庭成员对自己的关爱和支持；在学校和班级里，学生能够切实体会到那种和谐的师生关系和生生关系，以及整个校园所创设的安全无忧的氛围；在社会活动中，学生也会有一种主人翁的感受，能够真切感受到整个社会对每个成员的关心和爱护。

上述三种需求相辅相成，共同激发学生的内在动机。如果我们太过强调其中的一种需求，忽视其他两种需求，就会阻滞学生内驱力的发挥。举个例子来说，有些家长在很多方面和孩子之间都好商量，但就是在一件事情上坚决不让步，那就是逼着孩子去学习某些技能，比如弹钢琴、拉小提琴、吹笛子、学画画等。家长认为坚持学习这些技能可以培养毅力，只有坚持不懈地学习，孩子才能将这种毅力迁移到其他事情上，并有所作为。这实际上就是过于强调胜任需求，而忽视了自我需求和归属需求。

自我概念

自我概念是对自身的简略描述。这个概念由两部分组成：一是概括自身行为模式的倾向，例如性格内向、思维缜密等；二是描述自身在其中扮演的角色。通常情况下，自我概念与学习态度是互相联系的。一个人若将自己视为学习者，既有助于保持积极的学习态度，也会以另一种更加直接的方式影响学习行为。一旦"学习者"成为自我概念的一部分，自主学习就会成为一种具有经常性和可行性的活动。即便教师没有布置相关作业，他也会在课余时间合理规划学习时间，包括自己安排作业任务。当自主学习成为常态时，自我概念中的"学习者"部分就会十分牢固。如果家庭为孩子的自我学习提供相应的物质和精神层面的帮助和支持，包括在家里各处摆放书籍、谈论作家和读者、就孩子自主学习的相关内容加以讨论、喜欢把书籍作为礼物……这样的支持学习、渴望学习的价值观就会潜移默化地影响学生，促使他在成长过程中建立起强烈的"学习者"的自我概念。上文中，那位初中语文教师所做的，就是帮助和支持学生成为作文的"行家里手"，学生也充分感受到了这一点。

3 尊重学生之间的差异

给班级的全体学生布置相同数量、内容、难度的作业，是教师的通行做法，似乎天经地义。但这些作业到了学生手上，情况就千差万别了。已经掌握了所学知识的学生，还要在不能体现价值的作业上浪费大量时间，而那些学习有困难的学生，又常常为完成这些作业而内心崩溃。很多学校都将促进学生个性化而又全面的发展作为办学理念，但具体到作业上，个性化就不见踪影了。

差异是客观存在的

每个学生都是独特的，学生之间的差异是客观存在的。导致学生之间存在差异的原因非常多，我们需要细心地加以研究、分析和判别。学生之间存在差异的原因包括以下几个。

◌ 生理因素

比如个别学生存在神经发育性障碍，医学上称为注意缺陷与多动障碍，即儿童多动症。其典型表现为：虽然聪明伶俐，活泼可爱，但注意力不集中，自我控制能力很差。儿童多动症患者做作业的时候常常走神，拖拖拉拉，经常要做到很晚才能勉强完成作业。他们的问题出在大脑中，是由于大脑中特定的化学物质发生改变，特定的脑区活动下降、发育不成熟和体积萎缩导致。又如一部分学生体质比较弱，在做作业的前 20 分钟，尚能保持专注和注意力集中，到后面由于大脑供氧量不足，各种反应开始变得迟钝，导致学习效率降低。给这样的孩子更多的作业时间是没有益处的，督促他们加强体育锻炼，增强体质，或许可以解决问题。

○ 心理因素

有学者分析了数千例学习困难儿童的情况后发现，心理因素导致的学习困难占93.1%，而智力及特殊性发育障碍仅占6.9%。不同年龄段的学生都有可能产生特定的心理问题，这些心理问题会直接影响他们对待作业的态度以及处置作业的方式。

○ 信息转换

教师经常会遇到这样的学生，盯着一道作业题看了半天没明白，教师将题目念一遍，他就豁然开朗了。这就与信息的转化有关。在课堂教学中，教师基本上是以口耳相传的方式来施教的。信息主要通过声音、听觉来传递。而学生要完成的作业大都是纸笔型作业。这类作业的信息主要通过文字、视觉来传递。对一些学生来说，从听觉到视觉、从声音到文字的转化是有困难的。这需要教师为学生搭建合适的桥梁。

○ 阅读习惯

阅读包括对文字、图像的阅读，也包括对自然环境、各种行为特征的阅读。没有良好阅读习惯的学生，在学习的过程中会出现这样或者那样的偏差，导致知识理解上出现问题。这种情况不仅出现在课堂上，同样也会出现在作业的处置过程中。

○ 理解偏差

每个学生都有自己独特的思维特质。相同的一句话，不同的学生听起来可能会有不同的理解。有的时候学生还有可能理解成相反的意思。

再往下罗列下去，还可以列出很多原因，比如家庭因素、师生关系等。有一个原因我没有单列，那就是学科基础。绝大多数学科的学习都是层层递进的，前面的学习为后续的学习奠基。如果前面的基础没有打好，后面的学习就会遇到困难。这也是家长和教师不停地给学生布置作业的原因之一。但大家都没有认真思考学科基础薄弱是怎样造成的。

差异是重要的资源

德国哲学家戈特弗里德·威廉·莱布尼茨（Gottfried Wilhelm Leibniz）说："世界上没有两片完全相同的树叶。"[①] 万事万物的差异，让世界变得多姿多彩。虽然一个班级里的学生大都处于同一年龄段，但由于先天的遗传以及后天所处的文化环境、家庭背景等的不同，学生之间存在着很大的差异，这种差异带来了学习生态的多样性和丰富性，使学生可以与风格迥异、文化背景不同的学生进行交往和互动，从而获得更加丰富的学习体验，在相互取长补短的过程中，促进自身更加全面地发展。

学生之间的差异是重要的教育资源，是促进师生之间、生生之间共同成长的重要动力。学校组织的各类教育教学活动，不是要去填平或者消灭这些差异，而是要充分利用这些差异，让它成为更好地彰显学生个性、促进学生群体获得全面发展的资源。

作业作为教育教学活动中的重要一环，教师要注意利用好学生之间的差异，让作业成为学生互相借鉴、互动交流、思维碰撞的好资源。

案例 3.1 巧围鸡舍

学校要重新建设"动物乐园"，请你来当设计师，用 16 米长的篱笆围鸡舍。设计要求：

（1）请你尽可能设计出不同的方案，画出示意图，标出数据并计算出鸡舍的面积。

（2）怎么围鸡舍的面积最大？

不同的学生在思考这一问题时，其思维方式是有差异的。

有的同学只想到用 16 米长的篱笆来围鸡舍。将鸡舍围成不同的长方形，长和宽以及面积的关系有如下可能：

$7 \times 1 = 7$，$6 \times 2 = 12$，$5 \times 3 = 15$，$4 \times 4 = 16$。

将这四种情况加以比较，会发现，当篱笆围成边长为 4 米的正方形时，

---

① 林泉. 你知道吗 [J]. 百科知识，2021(10): 47.

面积最大。

有的同学会想到学校原来的鸡舍是靠墙围建起来的。用篱笆来围鸡舍，还可以借用学校的一面墙，只需要其他三面扎上篱笆就可以。于是他们给出了如下鸡舍面积的可能性：

$14 \times 1 = 14$，$12 \times 2 = 24$，$10 \times 3 = 30$，$8 \times 4 = 32$，

$6 \times 5 = 30$，$4 \times 6 = 24$，$2 \times 7 = 14$

将上述 7 种情况加以比较，不难发现篱笆的长度为 8 米、两侧的宽各为 4 米时，鸡舍的面积最大。

有的同学从鸡舍的面积最大这一问题中获得启发，想到可以利用学校一个呈直角的墙角的两面墙来围鸡舍，并提出了如下鸡舍面积的可能性：

$15 \times 1 = 15$，$14 \times 2 = 28$，$13 \times 3 = 39$，$12 \times 4 = 48$，

$11 \times 5 = 55$，$10 \times 6 = 60$，$9 \times 7 = 63$，$8 \times 8 = 64$

从这 8 种可能性中不难看出，当围成的形状是边长为 8 米的正方形时，鸡舍的面积最大。

还有的同学考虑到学校场地的实际情况，如果场地中某一个角落已经被占用，不可能呈现完美的长方形或正方形，我们还可以通过拼接的方式，在其他可利用的区域找补回来。在这种情况下，虽然鸡舍所围的面积没有发生改变，但鸡舍的形状已经由规则的图形变成不规则的图形了。

这是一道具有开放性的小学数学作业。教师希望学生通过设计鸡舍，来了解现实生活中的空间概念，知道自己该如何在现实空间中生活。学生给出的这些多样化的解答，是非常宝贵的学习资源。如果教师有意识地安排学生将这些思考与其他学生进行交流，那么每个学生都能从中学到很多。

作业设计要体现差异化

要让作业个性化，我们在设计作业时就要充分考虑学生之间的差异，给学生创设适当的情境，让他们能按照自身的理解水平和能力来处置作业。教师除了设计具有开放性的作业之外，还可以设计具有选择性的作业。

案例 3.2 语句扩展 ①

在以下两题中任选一题：

1. 将"枯藤老树昏鸦""小桥流水人家""古道西风瘦马"三句中的任意一句扩展成一段话。要求表达出诗人孤独、寂寞的心境。

2. 请围绕"一池夏荷"，任选一个角度进行扩写。要求能够表达出对夏荷的独特感受。

满眼碧绿，点点粉红，缕缕幽香：荷就这样亮相于夏日中，引起人们的遐想。

一池夏荷就是一幅中国花卉写意画：（1）_____

一池夏荷就是一曲中国丝竹民乐：（2）_____

一池夏荷就是一段中国汉唐古典舞：（3）_____

语句扩展是高中语文教学的基本学习内容之一。学生在完成相关知识的学习之后，教师设计作业时，可以充分考虑不同学生的学习基础，设计上述具有选择性的作业。第 1 题涉及的内容源于课本，只要学生平时有良好的学习习惯，有一定的语文知识积累，要选择其中的一句来扩展是没有太大问题的。但也因为这样的作业相对简单，缺乏挑战性，很有可能难以激发那些平时语文水平较高的学生的兴趣。为此，教师设计了第 2 题。这道作业题需要一定的联想和想象能力，且扩展的内容中还要贯穿比喻的修辞，具有一定的挑战性。实践证明，两道作业题都有学生选择，在完成作业的过程中，学生既有了自我选择的自豪感，又产生了解决问题之后的满足感，大家各得其所。

作业的选择性问题，后面还将专门讨论，这里不再赘述。

---

① 刘晓锋. 针对学生个体差异布置作业的研究 [J]. 成才之路，2015(12): 81.

4 注重作业中的互动

苏联心理学家列夫·维果茨基（Lev Vygotsky）提出，人的智力发展状态分为两种水平：一是不需要借助他人的帮助就可以独立解决问题，也就是现有发展水平；二是在其他人的帮助和指导下可能解决问题，即潜在发展水平。维果茨基将这两个水平之间的中间地带定义为"最近发展区"。

如果教师给学生布置的作业都与他们的现有发展水平一致，学生就会觉得这些作业没有什么意思，做作业时兴致不高，甚至会产生厌倦感。如果教师布置的作业超出了学生的潜在发展水平，他们绞尽脑汁都无法完成，学生就会有恐惧感。这两种情况都不利于学生产生最佳作业状态，也不利于作业预期目标的实现。教师应给学生布置处在学生的"最近发展区"之中的作业。

要有协同学习的理念

作业，通常指的是由教师布置的学生可在非教学时间内完成的任务。由于大多数作业是在家里完成的，所以也被称为家庭作业。目前学生完成作业的过程，较多属于个体学习，教师和同学能够给予学生的帮助较少。教师在设计作业时，特别需要注意这一问题。

维果茨基有关儿童发展的理论告诉我们，人的心智发展需要通过社会性的交往活动才能实现。以儿童学习语言为例，儿童所处的生活环境和文化氛围，使他们对习得的语言有了自己独特的认识，然后逐渐转化为自身的内部语言，进而成为自身思维的基本方式，内化为心智能力。儿童学习语言的这一过程，是在"最近发展区"内进行的。儿童和周围环境、与他人之间进行互动和交往，同时自己对语言特点进行归纳、反思、梳理和内化，使语言能力得到提升。

粘峻熊在《我和我的那些小野兽：粘巴达和森林幼儿园的故事》一书中，讲了这样一个故事。雨过之后，教师带着孩子们外出。在一个广场上，有一大片浅浅的水坑，教师发现水坑中有一枚硬币，于是给孩子们布置了一项作业：看谁先将硬币找到。孩子们奔过去，来来回回找了好久都没有找到。后来，一个孩子采用地毯式搜索的方式，才发现了这枚硬币。教师觉得很奇怪，为什么需要这么长时间才能找到呢？他偷偷地又往水坑中扔了一枚硬币，让孩子们再次寻找。这次，孩子们很快就找到了。

找硬币，需要调动人的抽象能力。硬币放在水坑里是会反光的，硬币所在位置的水面会相对亮一些。有经验的人心中已经有了硬币在水坑中反光的图景，然后依据这个图景，去找水坑中的硬币。但这些孩子还没有这样的实践经验和抽象能力，或者说在找硬币方面的"现有发展水平"极低。第一次找硬币时，他们对硬币、水、光线等之间的关系缺乏基本的认识，他们脑海中基本没有硬币落在水中的相关图景，所以寻找的过程是盲目的，花费的时间也比较长。寻找硬币的过程，也是孩子们在脑海中建构硬币、水面甚至光线之间相互关系的过程，这个新建构出来的关系可能还不像成人那样稳定，但毕竟是在"最近发展区"中迈出了重要的一步。当孩子们第二次再去找寻硬币时，新构建出来的关系开始发挥作用，找寻的速度也就加快了。两次找寻硬币的经历，其实就是帮助学生构建起硬币在水中的图景，并进行练习巩固，形成对事物新认识的过程。在这个过程中，教师引领学生的智力从"现有发展水平"向"潜在发展水平"前进，学生在活动中实现了能力的提升。教师平时的教学活动，最擅长的不就是做这样的引领吗？维果茨基强调要进行"先于发展、引导发展的教学"，意义就在于此。

教师想要通过作业促进学生智力的发展，就要改变学生做作业时单兵作战、孤立无援的状态，努力在作业中融入社会交往的因素。学生在家做作业时与同学互动和交流不是很方便，教师也鞭长莫及。如何将社会交往的因素融入作业中呢？有很多种方法与途径，比如多给学生布置一些长周期作业。长周期作业是需要学生经过一段时间的探索和实践才能完成的作业。学生在完成这类作业的过程中，需要经常和教师、同学交换意见，分享进展和感悟，寻求突破瓶颈的策略。这类作业的完成过程也是学生通过社会性交往促进发展的过程。比如多给学生布置一些需要合作的作业。要完成这样的作业，学生自然要进行社会性交往。比如在传统的纸笔类作业中加入一些创意设计，把启发引导的内容融入作业中。学生做这类作业时不单单是写出题目的答案，还需要根据要求做相应的探究和分析，这让学生能够以"现有发展水平"为基点拾级而上。以下案例为长周期作业和探究性作业的示例。

案例 4.1 "这月我当家"（长周期作业）

学生在家长的帮助下为自己的家庭记录一个月的生活收支账目，将一个月内每日支出的数据绘制成折线图，统计一个月的总收入、总支出、结余等数据，然后就如何进行合理开支、实现家庭科学理财提出建议。

案例 4.2 "观察物体"（探究性作业）

判断下列说法是否正确：用四个相同的正方体可以摆成一个稍大些的正方体。（   ）

请你用四个相同的正方体具体来摆一摆，看看你的判断是否正确，并说明理由。

给学生搭建脚手架

维果茨基认为，"最近发展区"是一种尚未成熟的智力状态，属于明日成熟、今日萌芽的状态，它不是智力发展的成果，而是智力发展的花蕾。"最近发展区"的这一特点，决定了学生在从现有发展水平向"最近发展区"迈进的过程中，会出现各种困难和波折，教师的引导、同伴的支持显得格外重要。

因为完成作业的时空有特殊性，教师在设计作业时，可以通过给学生搭建脚手架变通引导的方式和方法。

脚手架的种类很多，比如给学生提供其他人解决此类问题的范例，让学生从模仿中启动学习。模仿也是一种很重要的学习方式，学生通过模仿把握新知识的关键特征，可以为后续用自己的方式建构知识奠定基础。

比如给学生提供回答这类问题所需要的基本框架或者解题思路，让学生可以按图索骥，理顺思路。这样的脚手架在作业设计中较为常见，它遵循由简单到复杂、由易到难、循序渐进的进阶性原则，帮助学生尽快熟悉和了解解决新问题的思路，并在此基础上举一反三。

比如给学生搭建与他们已有知识和生活经验相关联的情境，以防学生因为对作业情境不熟悉而无从下手。特别是现在学校普遍采用统编教材，教材中所列举的相关事例，可能与部分地区学生的生活经验相距较远，学生学习这些内容本身就比较吃力，如果布置的作业仍是学生不熟悉的情境，无疑会增加作业的难度。

比如在作业中设计提示性语言启发学生深入思考。案例 4.2 在判断项的后面给出的"请你用四个相同的正方体具体来摆一摆，看看你的判断是否正确，并说明理由"就是很好的提示性语言。如果没有这一提示，四年级的学生在初次见到上述判断句时，有一半以上的学生就会认为这句话是正确的。这样的提示，促使学生动手实践并深入思考，还能找出自身思维的局限性，获得认知上的一次飞跃。

比如告诉学生在遇到问题的时候可以寻求的外界资源，如教师、同伴的支持，相关的文本资源、视频资源及互联网学习资源等。学生受自身的知识和经验所限，在完成作业时对问题的理解经常会存在局限性。教师为学生提供的这些外部资源，可以让学生在对比分析中深化感知、拓宽思路，找到区别与关联，更好地完成作业。

比如做一些阶梯式的设计，从学生的现有发展水平开始，设计一系列思维层次逐级提升的问题，帮助学生逐渐接近自己的潜在发展水平。

教师在布置作业的时候，应重视向学生解释作业的目标、作业背后的基本原理、预期的学习结果和完成作业的必要条件。这其实也是一种脚手架，可以帮助学生理顺作业的各种关系，以便高质量地完成作业。

案例 4.3　谁的贡献大？ ①

第一次作业：甲乙丙丁四人外出。甲发现一只野鸭，乙立即举枪射下野鸭，丙飞快地把野鸭捡回，丁主动把野鸭弄干净并烧成美味佳肴。最后四人共享丰盛的晚餐。请问：若要重奖贡献最大者，该重奖谁？理由何在？

学生初次见到这一问题，大多数会从因果关系的视角，采用"因为……所以……"这种"就事论事"的方式来加以回答。比如丁的工作最有奉献精神、最有价值，因为是他把鸭子拔光了毛并调味制作，让大家吃上了烤鸭，所以丁的贡献最大。大多数人都认同这样的判断。

第二次作业：选择一些他人对这一问题讨论的片段，比如："应该感谢甲的眼——慧眼，感谢乙的手——枪法准，感谢丙的脚——跑得快，感谢丁的心——主动热情。""发现是基础，打死是关键，捡到是必要的补充，煮熟是最终目的。"要求：体会他人讨论问题的视角，思考如何从故事中提炼出自己的基本观点。

在这些案例的启发下，学生的观点开始分化，支持甲、乙、丙、丁的学生人数大致相当。学生开始从"就事论事"走向"就事论理"。

第三次作业：查找诺贝尔奖自创设以来所颁发的奖项最注重的是什么，并和本次讨论相联系，进一步审视自己的观点。

学生通过上网或去图书馆查阅资料，发现诺贝尔奖总是颁发给那些"由于发现或发明了……而使人类社会在……方面取得了重大突破或获得最大利益"的人，连诺贝尔本人的遗嘱上也写着"发现或发明"（discovery or invention）的词语。经过教师的引导，学生通过深入讨论和思考，逐渐学会用"事实说话"，意识到"发现和发明"才是最重要的。这次作业提升了学生的思想境界，同时思维也转向了高层次。

有一种根深蒂固的观念需要我们警惕：学生做对作业，他们就会受到

---

① 钟和军，钟世焯. 给传统教学一个有力的支点——记一次基于高层次思维水平的中学作文教学实践 [J]. 信息技术教育，2003(02): 59-63.

激励，从而获得更大的成功。做对作业成为很多学生努力追求的目标，也是很多教师评价学生学习成绩好坏的重要依据。其实，这样的观念从根本上看是错误的。脑科学研究表明：努力解决难题或犯错的时候，大脑活跃度会提高；经常做对习题时，大脑活跃度会降低。大脑具有很强的可塑性，但大脑要通过作业获得生长，学生就必须做有挑战性的习题，做那些位于"最近发展区"甚至位于潜在发展水平边缘的习题。考虑到学生智力在"最近发展区"尚未成熟的特点，学生在处理这类作业的过程中，必然会犯错，犯错也是学习的重要组成部分。问题有挑战性，学生才会犯错；有鼓励犯错的氛围，学生面对挑战和难题时才不会感到畏惧。只有当两者共同发挥作用时，学生才能拥有理想的学习体验，才能学得更好。

为此，教师一定要转变那种"把作业做对才是好"的观念，避免以学生的作业对错简单地评判学生学习水平和智力水平的高低。教师要营造鼓励犯错、支持挑战的学习环境和氛围，要重建作业评价标准，让学生放开手脚大胆探索，即便出现这样或那样的错误也不畏惧。

5 关注工作记忆的容量

我们在学习一个新知识点时，相关的神经元之间会通过放电的方式形成一个链接，这个链接存储的是有关该知识的信息。如果后续没有进一步的信息强化，过不了多久，刚建立起来的链接就可能会断开。

教师让学生做作业，其中的一个目的就是让学生在学习新知识之后不断地重复，并用它来处理一系列具体的问题，以促使大脑中更多的神经元参与进来。这样，神经元之间的链接会不断强化，链接起来的神经元数量也会越来越多，更加强大、更长的神经元链接可以储存更加复杂的思想。

大脑学习新知识的神经元链接的强化过程，与我们到一个陌生的城市的体验过程是非常类似的。刚到一个城市时，我们对它的印象只有机场到酒店这段路边的景象以及酒店附近的情况。之后我们会以酒店为中心在这个城市里活动，对城市的文化氛围、社会环境等的认识会逐渐加深，对这座城市的整体概况也会更加了解。这个过程就是大脑相应的神经元链接回路越来越强大的过程。

工作记忆的特点

大脑有两种记忆方式，分别是工作记忆和长时记忆。

工作记忆又叫短时记忆，是大脑对正在处理的信息进行瞬时处置、有意识加工的这部分记忆。工作记忆的特点是容量有限，它就像我们背的书包一样，虽然书包很漂亮，但书包的空间不大，无法装进太多东西。

在大脑中，工作记忆工作的区域在大脑的前部，也就是前额叶皮质部分，它就在我们眼睛的上方。最初，人们认为工作记忆的信息通道容量是"5±2"，即人可以同时处理的信息最多可以达到7个。现在科学家广泛的共识是，通常情况下工作记忆只能同时处理 4 条信息。有人非常形象地用章鱼来比喻工作记忆，章鱼的每一根触手就代表着一条处理和加工信息的通道，大多数章鱼有 4 根触手，但有些可能有 5 根，甚至更多，触手越多大脑可以记住的信息也越多。有些章鱼只有 3 根触手，它们就无法记住太多信息。有些章鱼的触手可以抓得很紧，这样信息就很容易"黏附"在头脑中；另一些章鱼的触手则比较滑，信息似乎很容易滑落。

了解工作记忆的这些特点，对教师设计作业非常有帮助。

写字是小学低年级经常布置的作业。其目的是让学生熟悉汉字的间架结构，掌握书写的笔画顺序，在仔细努力地将汉字写得漂亮的过程中培养审美能力，磨炼意志，陶冶情操。

写字作业的初衷是好的，但如果在设计作业的时候不关注学生工作记忆的特点，只是简单地让学生抄写汉字，或许很难达到写字作业的预期目的，甚至还有可能起反作用。就拿"燕"字来说，它共有 16 个笔画，如果每一个笔画都是一个信息点，再加上笔画的顺序、间架结构等要求，那么这个字所包含的信息点将达到 20 个左右。对于初次学习"燕"字的学生来说，要将有着如此多信息的汉字写好，是非常困难的。

有的教师在让学生学习"燕"字时，先让学生识别其结构特点，发现可以将它拆分成"廿""口""北"和"灬"，于是编了这样的顺口溜帮助学生记忆："一写廿字头，二写中间口，三写两边北，四写四点底。"将"燕"这个新汉字，与学生此前学习过的口、北等汉字和偏旁部首建立起关联，帮助学生用已有的知识来学习新知识，同时用顺口溜的方式将"燕"字 16 个笔画的信息点降到 4 个，符合工作记忆的特点。这样的铺垫就为学生正确认识和书写"燕"字奠定了基础，学生可以一边背诵口诀完成写字作业，一边调动此前的相关知识，既有利于大脑对这个新学习汉字神经链接的生成和巩固，也有利于这个新汉字和大脑中已经储存的其他汉字之间产生关联。

思维组块的价值

工作记忆只能记住有限的信息。如果信息量过大，有一些信息将无法被处理，或者很快就被遗忘。为了解决这一难题，大脑催生了一种机制：根据意义将相关的信息碎片组织在一起，变成一个组块，既防止各种零碎信息的丢失，也为工作记忆开展工作提供方便。这就是我们常说的思维组块。在上述案例中，教师将"燕"字结构编成顺口溜让学生记忆，就是给学生提供了创设思维组块的路径，帮助学生不再纠缠于"燕"的微观细节，学着提纲挈领地来把握"燕"字的间架结构和笔画顺序，减轻书写时大脑的负担。

对于一些比较复杂的问题，教师通常会给学生提供解题的具体步骤和解题思路，为学生尝试解决这类问题提供向导。刚开始的时候，这一新知识的每一个细节都是一个信息点，解题思路的每一个步骤也包含了诸多信息点，学生会顾此失彼，但在逐渐熟悉这一新知识、新的解题思路的过程中，学生会将整个解题思路看作是一个思维组块。到了这个时候，学生思维的流畅性就会大大提升。如果你回想一下自己学开车时的经历，就能理解这一点。刚开始学开车时，你可能会手足无措，方向盘、挡位、油门、刹车、仪表盘、侧视镜、后视镜……一系列需要观察或者操作的器件把你搞得头晕目眩。特别是倒车，成为不少人的梦魇。你在师傅的指导下一步步练习，随着时间的推移，你发现自己慢慢地没那么紧绷了，很多动作变成了下意识的行为，你在开车的时候不用低头或者扭过头去看各种设备。再后来，你逐渐成了熟练的驾驶员，在娴熟地驾驶汽车的同时，还可以腾出精力，让你的工作记忆"章鱼"的触手释放出来做其他事情。

相比较学生，教师有更为丰富的思维组块策略，会根据需要将相关的信息组合成组块。如果信息量比较大，就组成若干个组块，然后把3—4个组块组合成更大规模的组块，并按照层级结构把大规模组块整合到更高水平的群组中。学生虽然也在不经意间采取思维组块的方式来学习，但他们的策略往往不一定恰当，将相关信息组成组块也需要一定的时间。教师在设计作业时，不仅要关注作业的完成情况，更要思考如何巧妙地设计作业，促进学生思维组块的生成。

案例 5.1　几何数学作业

题 1：已知 $\triangle ABC$ 的两个边的长度 AB、AC，AD 是 $\triangle ABC$ 的高，AE 是 $\triangle ABC$ 外接圆的直径。求证：$AB \cdot AC = AE \cdot AD$。

题 2：已知三角形的两边分别是 3、6，第三边上的高为 2，求三角形外接圆的直径。

如果仅给出题 1，那么学生在完成作业任务之后很少会进行深层次的思考。但再给出题 2，很多学生就会发现这两道试题具有相同的本质特征，题 2 可以由题 1 得出的结论"三角形两边的积等于外接圆直径与第三边上的高的积"直接求得。由此形成了求任意三角形外接圆直径的一种特殊方法的思维组块。

将有用信息存储到长时记忆中

虽然思维组块可以将更多的信息组合起来，形成块状的、有层级的结构整体，让我们可以记住更多的信息，但还有一个问题需要解决。为避免过度劳累，工作记忆有一个基本特点，就是只能在短时间内保存信息，保存的时间一般只有 10—15 秒，最长也不会超过 1 分钟。如果想长时间地保留信息，我们就必须要将它放到长时记忆中去。

衣服晾干之后，我们会将它们收下来折叠好，按照类别放到不同的抽屉或衣柜的不同格子里，有需要的时候再拿出来。这是平常存储物品惯常的做法。但大脑将信息存储到长时记忆中并非如此。大脑对信息的处理采取的是并行、分散的方式。以叠衣服为例，在我们看到这件衣服、用手来折叠这件衣服的过程中，大脑的认知机制会根据各种感官获取的信息将衣服"分解"成成分、颜色、形状、结构、味道等各种不同维度的元素，然后分散存储到大脑的不同部位。如果有需要，大脑会通过检索的方式，将这些被各个部位存储的信息激活之后重新组织起来，在大脑中形成有关这件衣服的相关信息。一条分散到大脑各个部位的信息都是一组神经元链接。简单的信息形成小的神经元链接组，较复杂的信息则由更长、更错综复杂的神经元链接组构成。长时记忆就像是你的"存储空间"，你永远也不可能装满它。

将所需要的信息存储到长时记忆之中，也是需要工作记忆帮着完成的。在存储信息的时候，工作记忆会根据该信息是事实还是图像来决定把信息放到何处去。对大脑而言，事实就像牙膏，大脑就像牙膏管。可以想象一下，把牙膏从外面塞进牙膏管有多困难！但如果信息是一幅图像，那么存储就会简单很多。所以，要想将信息存储到长时记忆之中，最好要想方设法将这个信息转化成图像。

这就给教师的作业设计提出了要求。教师要想方设法给学生创设利用图像来分析和处理相关问题的机会，以便学生借助图像来将所学知识保留到长时记忆之中。

案例 5.2　让学生用多种方式解释或解答数学问题

数学问题通常抽象性比较强，纯粹数字之间的运算往往比较单调，既不利于学生兴趣的激发，也不利于知识的掌握。若教师对常规的数学作业加以改造，让学生在一张正方形的白纸上做作业，或许可以促进知识之间的相互联系，帮助学生将所学知识存储到长时记忆之中。

具体的做法是这样的：将正方形白纸对折，中央部分再对折一下，然后将白纸分成五个区域，中间部分写上常规作业，折出来的其他四个区域中，先将作业改变成一道文字题，写入其中的一个区域，然后用三种不同的方式来解题，并将解题过程写或画在另外三个区域中（见图 5.1）。这样的作业不仅凸显了图像在解题中的作用，还促进了大脑的多个脑区协同工作和连通。

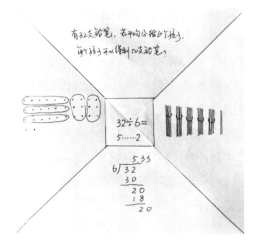

图 5.1　正方形白纸作业

朱自清的《荷塘月色》是中学课本中的名篇，老师布置作业要求我们背诵这篇课文。我在背诵的时候会在脑海中绘制荷塘的草图，将文中所描述的各种景物依次安放在草图的相关位置，然后再来背诵。没想到这样做记忆效果特别好，即便四十多年后的今天，我依然能够背诵出这篇课文来。

6 明晰大脑的工作模式

在以狩猎为生的游牧时期，人类为生存和繁衍后代，需要同时面对两个主要问题：一是集中注意力找寻时机猎捕眼前的动物，二是警惕自己周围是否有天敌出现。这两个问题对人的要求截然相反：一个要求专注，聚焦在一个具体的事物上；一个要求发散，能够敏锐地感知周边各种事物的变化。在漫长的演化过程中，人类的大脑逐渐形成了两种工作模式，即专注模式和发散模式。美国工程学教授芭芭拉·奥克利（Barbara Oakley）在《学习之道》一书中对专注模式和发散模式进行的讨论，让我们对这两种工作模式有了更进一步的认识。

专注模式

专注模式指的是人在理性支配下，心无旁骛地投入到工作或学习的状态之中，努力将面对的问题和已有的知识建立关联，借助基本原理和思维方式解决问题。它就像手电筒发出的一束强有力的光，照射在一小块区域上，让我们将该区域的事物看得更加清晰和深远。好的作业，就是可以让学生很快进入专注模式的作业。

学生身边有很多元素影响他专心写作业。如果作业本身缺少趣味性、挑战性，那么学生就很难静下心来关注作业本身，也很难"打开"大脑相应的区域，启动学习进程。一些学生除了完成教师布置的作业之外，还要接受家长布置的各种学习任务，看上去忙个不停，但大多数时候总是浮于表面，缺少深度思考。

曾有人提出"一万小时理论"，说只要在某方面投入一万个小时的训练时间，就可以成为该领域的行家里手。但现在这一"理论"经常被人诟病，因为如果采用简单重复的训练方法，那么即便真的花费了一万个小时，也不可能训练出一个专家来。该"理论"成立的前提，是在专注模式下进行训练。

专注模式下的学习，不是简单地重复，而是一种刻意练习。重复不断地做作业，强调的是刻苦和勤奋，但大量的事实证明简单的重复很难提升人的学习能力，也无法让一个人在某一领域脱颖而出。教师运用刻意练习原理设计的作业之所以可以提升人的学习能力，是因为这类作业具有如下几个方面的特点。

一是有非常明确的目标。包括单元目标、课时学习目标、与该课时对应的作业目标等。学生做作业时，非常清楚作业的目标是什么，完成这些作业任务对本节课、本单元的学习意味着什么。好的目标通常既具体、明确、清晰，可以帮助学生朝着目标有意识地前进，又尽可能地细化，把要完成的作业内容拆分成很多小块，以便学生能看到实质性的进步。

二是不在学生的"舒适区"，而是在他们的"最近发展区"内。学生要完成这些作业，就必须战胜自己的不适感，通过努力取得学习上的进步。

三是需要全身心投入。只要尚未达到作业的目标，学生就要全神贯注地投入到作业中，反复进行练习。当学生专注于作业时，与该作业相关的储存在大脑不同部位的信息就会被激活，并通过神经元的放电活动建立起链接，在大脑中留下学习的轨迹。这样的链接很重要。如果后续能够有规律地持续加以强化，那么它们就会保持并不断生长，最终融入已有的神经链条之中。

四是能及时提供反馈。学生在完成一项作业任务时，能够立即知道自己的思路是否正确，结果是否合理。教师在其中发挥着重要的作用。学生得到及时反馈的前提是认识到做作业是会出错的，而且勇于承认自己的错误，将错误看作成长的阶梯。学生通过及时的反馈，可以意识到如果按照错误的方法继续做作业，不但不能取得进步，还很有可能适得其反，越练越差。

五是重视调整和改进。学生做作业是为了发现学习过程中没有发现的错误和漏洞，并加以纠错和改正。一些学生刷了海量的题目，成绩却没有提高。其中一个重要的原因就是学生忙着刷题，却不重视调整与改进这个环节。

案例 6.1 让自己成为演讲高手

在大庭广众之下言之有物地发表演讲，是很多学生的梦想。要实现这个目标，你需要对目标进行细化，比如：参加练声课程的专项培训；每天录制一段符合要求的语音；主动将录制好的语音发布在平台上，听取大家的反馈；积极主动地在各种场合发声；等等。为此，你需要规定好每天练声的时间，甚至改变自己习以为常的作息时间，保证每天都能坚持练习。你录制的语音必须符合要求，如果有瑕疵就要重新录制，哪怕录上几十遍也不要怕麻烦。反复播放自己录制的语音，可以帮助你找到其中发音不准、语速有问题、情绪表达不够到位的地方，然后加以调整和完善。你还可以积极主动地在课堂上、社团活动、读书会等各种场合发言，参加线上的各种朗读分享活动，在实战中提升自己的演讲水平。

上述案例，就包含了刻意练习的五个特点。如果学生能够持之以恒地做下去，那么经过一段时间的训练，就能看到自己在演讲方面的进步。我从 2006 年开始，坚持每周读一本书并写出 3000 字以上的读后感，一直到现在都没有懈怠过。这其实也是一种刻意练习，这一练习给我带来的成果是丰厚的。

脑科学专家通过研究告诉我们，专注模式下的刻意练习之所以有效，是因为在这种状态下，髓鞘质会包裹相关的神经链接回路，使回路达到最佳状态，让我们的思维或动作变得更加流畅和高效。髓鞘质是生长在神经元周围的一层脂肪组织，起到绝缘保护的作用，可保持神经元的干净和正常运转。刻意练习就是反复利用相同的神经链接回路，它能够促进髓鞘质对神经元周围的包裹，从而有效地固化这种技能。

专注模式极为耗能

专注模式下的刻意练习是让学习更有成效的一种方法。这种方法在机器学习的某些领域获得了巨大的成功。阿尔法围棋（AlphaGo）战胜围棋世界冠军、韩国顶尖棋手李世石的经典案例，就是通过将问题分解成按难度排序的一个个小模块，让阿尔法围棋通过和自己对弈数百万局，摸索出围棋的规律。刻意练习能够取得成功的关键，是将需掌握的技能分解成不同的阶段，为每个阶段设定明确可测量的目标。自然科学、体育运动、音乐、游戏等都是结构化的活动，都有可细化、可测量的目标。恰当的作业设计有可能让学生通过刻意练习走向优秀。但也有一些学习内容，比如阅读理解、写作等，很难有公认的标准。这种情况下，我们很难运用刻意练习这一学习原理。

专注模式对获取新知是非常重要的，但长时间让自己处于专注模式是有问题的。一方面，专注模式需要消耗大量的能量，若时间过长能量供给会出现不平衡。通常情况下，幼儿集中注意力专注于一项事物的时间大约3—5分钟，小学和初中的学生大约12—15分钟，成人持续专注于一件事物的时间极限是1.5小时。如果关注那些在网络平台上非常热门的微课，那么你会发现其时长多为10—15分钟，这个时长与学生的专注时间是相匹配的。学生集中注意力一段时间之后，要让他们放松，变换到发散模式，经过一段时间的调整之后再回到专注模式。由于专注模式要求人高度集中注意力，在身心方面的消耗都非常大，所以一个人每天处于专注模式的总时间不会太长。有一种观点认为，学生每天处在专注模式的时间约1—1.5小时，教师每天处在专注模式的时间可以长达4小时左右。

了解学生每一次处于专注模式的时长以及一天内处于专注模式的总时长，有助于教师设计作业时，思考该给学生布置的作业总量，以及每道作业题的时长。这样能让学生既在不同的作业题之间有一个调整缓冲的时空，又保证学生完成全部作业集中注意力的总时长在可控的范围之内，避免作业量太多给学生身心带来伤害。

另一方面，死死盯着问题不放的专注模式，会让大脑形成很强的思维定式，反而会束缚自己的思维，陷于某一问题的泥潭中不能自拔。有些人在学习上遇到问题后总是放不下，如果一道作业题没有完成，就会绞尽脑汁地去思考，不给自己放松调整的机会。殊不知这样反而让自己的思维执拗于某一具体的路径，很难变通。

发散模式

发散模式是指大脑处在放松和自由的状态，没有思考任何特定事情。如果你此前专注于思考某个问题，那么当你从专注模式转向发散模式时，大脑并没有停止对该问题的思考，只不过原来是在意识层面思考问题，现在则转移到潜意识层面调动大脑各个区域的神经共同来思考，帮助自己在各种想法之间建立充满想象力的联系。创意似乎经常是在发散模式中冒出来的。专注于某一问题迟迟没有找到突破口的时候，或许转换到发散模式后，你的脑中会冷不丁地冒出一个新点子，比如数学解题的新思路、创意工作的新角度等。

怎样从专注模式转向发散模式？据说，世界发明大王托马斯·阿尔瓦·爱迪生（Thomas Alva Edison）在遇到棘手的难题时往往会先去小睡一会儿，而非废寝忘食地努力攻关。他会拿着球坐在躺椅上，在身旁的地上放个盘子，然后逐渐放松下来，任由大脑进入自由开阔的发散思维模式。而一旦爱迪生睡着，他手中的球就会滑落，小球落进盘子的响声会将他惊醒。在这一瞬间，伟大的发明家就会抓住发散思维留下的碎片，找到新的解决方案。我们可以放下自己苦思冥想的问题，让自己小睡一会儿，或运动一番、画画涂鸦、听音乐（纯音乐最好）、冥想、洗澡等，让自己身心放松。或许正是因为这样的放松，我们会在不经意之间找到解决问题的思路和方法呢。最好的学习、作业方式就是这样的：运用专注模式调动全部注意力，启动发散模式让学习更有深度和创造力。交替使用两种思维模式，可以让学习更加高效。

在从专注模式转向发散模式的过程中，有两种情况需要注意。一是自己对作业本身的理解很有限，甚至没有弄懂作业题中的说明文字。如果此时陷入"困境"，那么即便进入到发散模式也不会有太多的帮助。二是有人在认真学习或是在专注处理问题一段时间后，仍然将注意力聚焦在所研究的问题之上，很难从关注的焦点上移开。这会导致发散模式无法启动。解决这一问题的办法，就是给自己找另外一项任务，交叉式地开展学习或者研究。学生写作业或者考试的时候就可以这样处理，先从比较困难的问题开始，当发现自己陷入困境时，切换到比较容易的问题上，然后反复进行。千万不要把最困难的问题留到最后去处理，因为那个时候已经很累了，也没有时间进行发散式学习了。

7 巧用间隔学习法

在前一个话题中，我们了解了大脑有两种工作模式——专注模式和发散模式。好的作业方式是运用专注模式调动全部注意力，启动发散模式让学习或思考更有深度和创造力。实际上，我们运用了一种非常重要的学习方法——间隔学习法。

间隔学习法

对于德国心理学家赫尔曼·艾宾浩斯（Hermann Ebbinghaus）的遗忘规律，我们都耳熟能详。学习新知总是和遗忘结伴而行。遗忘是一个自然的过程，是人为了更好地生存而逐渐演化出来的一种生存机制。人总是在快速忘记所学的知识，如果想要将知识牢记，就必须重复学习。

重复学习也是有策略的。是将所学的知识不间断地重复学习一段时间，反复加以强化好？还是间隔一段时间重复一次好呢？艾宾浩斯等人通过研究发现，将一个新知识连续重复学习五遍，远不如间隔一个时间段重复一次效果好。如果两次重复之间间隔一个睡眠的时间，那么效果会更好。

为什么间隔重复学习比持续开展的重复学习效果要好呢？这可以从不同的角度来加以解释。首先，对一个新知识持续开展重复学习，往往耗时比较长，可能超出一个人开启专注模式进行学习能够坚持的时间。在这样的状况下再重复学习，大脑能量供给不足，思维变得迟钝，效果就不太好。其次，将工作记忆中新学习的知识转移到长时记忆中存放是需要时间的。我们可能需要几个小时，也可能需要几天甚至更长的时间。这项工作主要由工作记忆来完成。快速频繁的重复学习，占据了工作记忆大量的时空，会让工作记忆没有精力去做深层次的心理演练以及转存工作。我们学习新知识之后，间隔一段时间再重复学习，会将学到的东西掌握得更牢固，记忆得更长久。

那么，间隔多长时间学习一次效果更好呢？这没有具体的答案和标准，所学知识的特点、个人的脑神经组织对所学知识的信息加工等因素都会影响间隔时间的长短。美国加利福尼亚州大学圣地亚哥分校的道格·罗勒（Doug Rohrer）和哈罗德·帕施勒（Harold Pashler）所做的一项记忆测试研究经常被人们引用。他们将学习一项新知识之后的间隔重复学习和最终的检测结合起来，认为最佳的间隔学习周期为所需记忆储备时间的10%—30%。举个例子，如果考试在一周后，而且你希望考前复习三次，那么最佳频率就是今天第一次，明天或者后天第二次，考试前一天进行第三次重复学习。①

完成那些具有一定难度、需要一连串的思维过程才能推理出结果的学习任务时，我们还可以借鉴图7.1所示的间隔学习周期。

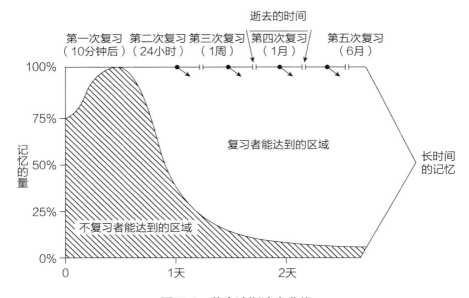

图7.1　艾宾浩斯遗忘曲线

---

① 前两次就是按照10%—30%设计的，最后一次属于考前复习。

图 7.1 是艾宾浩斯的遗忘曲线，由线与坐标轴所包围的阴影部分，表示学习一个新知识后一段时间还能保留的记忆水平。这张图还告诉我们，要把握好五个时间节点：一是学习新知识 10 分钟后，也就是通常所说的课堂练习；二是家庭作业；三是一周之后的针对性训练；四是一个月之后的知识点重现；五是六个月之后的知识点重现。把握好这些时间节点，精心设计问题和作业，引导学生回忆所学，将会更好地促进知识的记忆。

教师可以通过教学运用间隔学习法，但通常总是要和作业布置相结合，才能发挥最大的效能。教师在有针对性地设计间隔学习的作业时，需要关注以下几个方面。

一是根据学生不同知识学习的遗忘特点设计间隔周期，在学生有点遗忘或者部分遗忘的时候让他们重复练习。

二是设计的作业不能是无意义的重复，要针对学生在前一次作业中的具体问题，有针对性地做出设计。

三是设计的作业要避免单调重复，要像案例 5.2 那样促进学生多样化的思考，激活大脑中的不同脑区同时参与其中，帮助学生将知识融入长时记忆之中。

睡眠的意义

大脑中的神经元链接在什么情况下更容易生长，更容易变得强壮呢？脑科学研究表明，人在睡眠时，大脑会演练白天所学的内容，让自己新创建的神经元链接得到强化和巩固。睡眠的意义可以从以下几个方面体现出来。

首先，间隔练习充分利用睡眠，会让学习变得更加有效。学生白天专注于某一个知识的学习，在晚上睡觉前应进行回顾，特别是那些需要强化的知识。这些知识会在睡眠的过程中促进神经元链接变得更加强壮。需要注意的是，神经元之间的链接是通过突触与树突棘之间的放电与接收过程进行的，新的树突棘及其突触只有在学习者真正专注于想学习的新信息时才会开始生长。树突棘具有类似测谎仪的功能，能分辨出学习者白天是在玩视频游戏、跟朋友发短信聊天，还是专注于学习。学生只有专注于学习新事物，才能激发新的树突状"隆起"开始形成。学生睡觉时，这些小隆起就会变成树突棘，促进神经链接的形成和巩固。如果在新的树突棘和突触形成之后学生所做的事情不再与此项学习有关，那么它们也很容易缩小并消失。"用进废退"在这里体现得非常明显。

其次，海马体是记忆的关键。每天都有新的神经元在海马体中产生。如果没有继续学习，那么这些新产生的神经元以及与此相关的部分老神经元就会逐渐消失。有规律的间隔学习，可以促使海马体形成新的、更强壮的神经元链接。当你睡觉的时候，海马体中的这些神经元链接会传递到大脑皮质的神经元中。大脑皮质是大脑的外层，它是长时记忆的大本营。睡眠还可以清空海马体，为新的学习腾出空间。

再次，睡眠是人每天进行自我调整以及让自己保持健康的最佳方式。波士顿大学的科学家近期的一项研究成果表明，在睡眠状态下大脑会自我"洗脑"。一旦入睡，脑细胞就会收缩，红色的血液会周期性流出大脑，无色透明的脑脊液趁机涌入，将其中的有毒物质从细胞缝隙间带走。这一过程只有在睡眠中才能实现。睡个好觉后，大脑就"重新启动"了。如果睡眠不足，就没有时间清除所有毒素，会使有毒物质在大脑甚至全身积聚，让人更容易生病。睡眠不足也会使新神经元和突触停止生长，让人在起床后昏昏沉沉，无法清晰地思考。我们每天要保持足够的睡眠时间，感到疲惫的时候也可以打个盹。打盹也能让暂时储存在海马体中的信息转移到大脑其他部位的长时记忆中。这一过程同样可以"清空"海马体，让它可以更轻松地保存你打完盹后想要放入的新信息。

认识到睡眠的上述意义，教师在设计作业时就会更加有的放矢。一方面，教师给学生布置的作业要形式多样，除了常规的书面作业外，还要有一些风格多样的睡前回顾性作业，鼓励学生养成睡觉前回顾当天所学重要知识的良好习惯；另一方面，间隔学习的作业设计要有梯度，要在学生的"最近发展区"内，学生需要付出一份努力专注于学习之中才能完成任务，以此促进神经细胞中新的树突棘及其突触的生长；再一方面，要将作业量作为设计时需要重点考虑的因素，既关照到专注模式的时长，又让学生能够在较短时间内完成全部作业，保证他们有充足的睡眠时间。

需关注的几个要素

在作业设计中，要提升作业效益，教师需特别关注以下几个要素：间隔学习、检索、多样化练习、联系实际、生成。

上面已经对间隔学习做了较为详细的讨论，这里不再重复。

检索也是一种重要的学习方法。检索学习的方式包括：不看资料回忆，给自己提问题并回答，测试，和其他人沟通讨论，依据标准判断自己掌握的程度（避免学习错觉）等。越是重要的学习内容，重复检索的次数应该越多，以便尽早发现自己尚未掌握的地方，并想办法加以弥补。对学过的新知识做检索练习，最好是在学习新知识之后间隔一段时间再进行，能有效地定位出哪些知识尚未掌握。学习新知识，应该把精力投放到薄弱要点上，而要暴露薄弱要点，检索就是最好的手段。在课堂教学中，每次翻开课本讲下一页或者念下一个故事之前，让学生说出上一页或上一个故事中的几个要点，就是最简单的检索练习。

案例 7.1　单词记忆
作业：记忆单词 foot 和 shoe

记单词是常见的作业。教师可以在讲解上述"foot""shoe"两个单词后让学生朗读，也可以在讲解之后让学生将缺少的字母填上："s__ __e"。在让学生记忆单词或者词组时，这种带有提示性质的填空，比直接让他们背诵的效果要好很多。

和教师根据学生和学习内容的实际有计划地设计作业，让学生开展间隔学习相比较，检索学习更突出学习的主动性，体现学生为了巩固和深化所学的自主行为。但教师也可以有针对性地设计相关作业，为学生搭建进阶阶梯。

多样化练习，指的是在学习某一个知识点的同时，主动练习与它相关联的其他知识，帮助学生在大脑中建立更加丰富的神经链，促进知识由工作记忆转向长时记忆。教师给学生设计加法运算作业时，让学生用减法再做一遍，或者训练同义词时，让学生同步思考反义词，就是最简单的多样化练习。案例 5.2 就是一个很典型的多样化学习案例。多样化练习能同时锤炼学生辨认和归纳的能力。

所谓联系实际，即将学生所学知识与现实生活相联系。用学生熟悉的生活场景来展现知识，让学生感受知识的应用，是作业设计的着力点，也是促进学生理解的有效途径。

而生成，就是用自己的方式重述核心观点。教师在设计并让学生完成作业时，要避免唯标准答案为好的思维惯性，鼓励学生用自己的人生经历、经验和案例来比对新知识的意义，用自己的语言把理解讲述出来。这样的学习过程发生在大脑神经层面，其实就是为新知识点找一个合适的位置去存放。如果在这个位置上新旧知识关联非常紧密，就意味着学生吸收非常高效。学生理解思考的维度越多，新旧知识联系的线索就越多。

8 要有课程意识

上完一节课，一些教师常讲的一句话是"今天的作业是将《××练习册》的A卷和B卷全部做完。"这《××练习册》不是教材的配套练习，是教师要求学生购买的教辅资料。教师往往出于习惯给学生布置作业，很少对该给学生布置怎样的作业进行深入思考。

教学重点是由课程标准决定的，但教学难点是由学生决定的。学生不同，教师采取的教学策略应不同，突破难点的方法也可能不一样。教师给学生布置的作业只有和教学过程密切呼应，教与学之间才能建立起内在的逻辑关系，才能帮助学生更好地理解知识。如果教师只管自己教，用别人编制的作业让学生练，那么教与学之间必然会脱节。

作业是课程的有机组成部分

一节课或者一个单元的课程，是由若干个要素组成的。图8.1给出了课程从设计到实施的基本流程和环节。

由图8.1可知，从研究课程标准到设计课程实施方案，从组织课堂教学到落实课程目标，作业都是课程重要、也是有机的组成部分。我们在依据课程标准明确了课程预期的结果之后，所要编制的评估工具中有不少就是作业，包括和学习过程密切相关的形成性作业以及检查一个知识点或本单元掌握情况的总结性作业。这其中又有相当一部分是需要学生在课后完成的家庭作业。这些都是在备课的环节设计好的。在教学过程中，教师要根据学生学习的具体情况决定何时使用形成性作业这一工具来判断学生是否理解新知识，以此决定是继续讨论新的学习内容，还是回头再次理解前面所学。根据学生在课堂上的具体表现，以及教学进展的实际，教师才能决定课后给学生布置什么样的作业。课后作业大多也是形成性作业。当通过这些形成性作业反馈的信息大致可以确定学生对新知识的掌握情况时，教师还要通过结果性作业进行诊断和评估，以便决定是否可以结束当下的学习内容，启动新知识的学习。

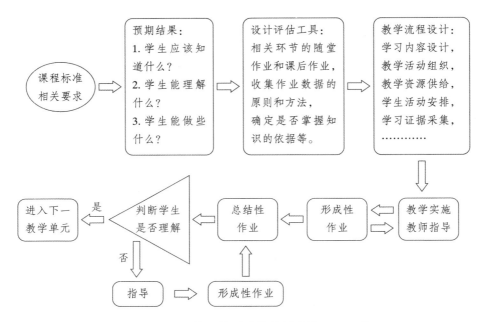

图8.1　课程从设计到实施的基本流程和环节

设计作业要有课程意识。教师要善于站在课程建设的宏观层面来把握作业在课程中所处的方位，突显作业的整体性、系统性和协同性。

所谓整体性，就是避免将作业作为游离于课程设计、教学实施、课程评价的整个体系之外的环节，非常随意地选择市面上鱼龙混杂的教辅资料作为学生的作业来源，造成课程与作业之间的逻辑混乱。

所谓系统性，就是要系统思考课程目标、教学目标、作业目标之间的关系，确保三者之间具有内在一致性。教师要系统思考新知识传授、评估工具的介入、课后作业的布置等之间的关系，既要强调相互之间的呼应和内在逻辑，又要把握好恰当的时机以及作业的数量。作业本身也是一个小系统，包括作业设计、作业完成、作业批改、作业讲评、统计分析等各个环节。这些要素互相支撑，循环发展。教师既要善于从对学生作业批改的结果中洞察作业目标的达成度，进行科学的讲评辅导；又要善于从学生作业的实际中反思作业设计的质量，提出改进的意见和建议。

所谓协同性，一是指作业与课程的协同。即让作业成为检验课程目标是否达成的重要工具。二是指作业和课堂教学的协同。一方面，课堂教学质量的高低，可以通过形成性作业及时加以评估和监控；另一方面，课堂教学总是千变万化的，比如因为学生不理解某些知识，教师放慢了教学进度，原来设计的教学进程没有完成等。学生的课后作业要根据课堂教学的实际及时做出调整，紧紧呼应课堂教学。三是指作业和学生发展的实际协同。每个学校的学生都有自身的特点，每个学生个体也是独特的。教师要在充分研究课程标准和教学内容的基础上，花更多的时间分析研判学情，努力把握所教学生的个性特点和学科学习实际，为学生设计更有针对性的作业，让作业能更好地发挥育人的价值和作用。

具有课程意识的作业设计

具备课程意识的教师设计的作业会呈现以下几个鲜明的特点。

一是以学生为中心，始终将学生的发展放在作业设计的核心位置。教师在进行作业设计时，都需要思考：是否基于学生的现有水平？是否把问题搭建在学生的"最近发展区"内？是否能够激发学生的兴趣和挑战欲望，让学生专注于作业？是否能让学生在深度学习过程中获得深刻的感悟和体验？

学生在完成以学生为中心的作业过程中，不断提高发现问题和解决问题的能力，萌发新智慧，丰富和完善认知结构，使认知方式更加多元，提升了生命境界。以学生为中心的作业不仅使学生在学科领域有丰硕的收获和成果，还能够使学生感受到"五育"融合对自己全面发展的重要价值和意义，在潜移默化中努力去学好每一门功课、做好每一项作业。教师也能在作业设计的过程中，在能力、智慧以及专业素养方面获得长足的发展。

二是作业设计基于课程标准，目标清晰。国家课程标准基于党的教育方针，全面落实核心素养，精选符合学生身心发展特点、有助于促进学生德智体美劳全面发展的课程内容，有非常明确的学业质量标准和评价指导意见。课程标准对教师"为什么教""教什么""怎么教""教到什么程度""如何基于标准布置作业""如何开展评价"都有具体的规范。课程标准指向教学的全过程，是教师理解教学目标和教材、设计教学流程、组织课堂教学、实施评价的准绳。基于课程标准的作业设计，必然将作业作为课程建设的有机组成部分进行通盘考虑。课程标准要求教师设计的作业都有非常清晰的目标，努力给学生搭建循序渐进、拾级而上的发展阶梯。教师在设计作业时，还应充分意识到课程标准所给出的学业发展指标，往往是这门课程完成之后学生应该达到的学业水平，这不是一节课、一个单元的教学就能完全实现的。教师应从整体上思考如何将课程目标和教学要求转化为每一节课的教学实践，怎样通过对每一节课具体的教学目标、作业目标的落实，一步步逼近课程标准的要求。在教学实践中，一些教师在新课的教学中，会将不少综合性的作业，甚至是中高考试题作为作业布置给学生，美其名曰让学生提前感受考试的要求和氛围。而这实际上正反映出教师自身缺乏标准意识、目标意识，缺少对作业设计的研究。

三是作业的内在结构合理，相互之间有明晰的逻辑关系。要实现单元课程目标，需要哪些类型的作业来和课堂教学互动互补呢？这体现出作业的结构性。课堂教学时空存在局限性，有些课程目标很难在 40 分钟的教学实践中达成，需要凭借课后的作业加以完善。有些知识需要学生在一段时间内持续学习、不断细嚼慢咽才能深刻领悟。作业也是有规律、间隔性地重复学习的好载体。学生完成了一个知识点的学习后，要检验他们是否掌握了这些知识，教师需要从不同的视角设计问题，评估学生是否真正理解了。在这个过程中作业的结构要素和逻辑关系显得尤为重要。即便是一节课的作业，教师也要思考各道题目之间的逻辑关系，包括怎样通过多样化的设计让学生从不同的视角感知核心知识；怎样设计思维不断进阶的作业，促进学生的思维水平不断提升，在"经历""体验"与"探索"的过程中，实现对所学知识的新认识；等等。

四是作业的类型丰富，指向课程目标。当下课后作业基本上以口头作业和书面作业为主，作业类型比较单一。有一些育人目标和课程目标很难在作业中得到体现。这种境况积重难返，与教育过于关注考试评价有很大关系。大规模高利害的考试评价，不仅对学生今后的人生道路有直接的影响，对教师的专业成长、学校的办学质量也有重要影响。但受到技术等方面的限制，考试评价一段时间内只能采取纸笔考试的方式。具有课程意识的教师所做的作业设计，能够跳过考试评价，站在学生全面发展的视角来思考作业。这些教师会非常注重作业类型是否丰富，会结合课程标准的要求以及教学内容的实际，有针对性地给学生布置作品制作与展示、角色扮演、问卷调查、探究性实验、现场考察和访谈、游戏化学习、想象和创作等作业。这样的作业让学生的各种感官都参与到学习活动中来，不仅有利于记忆的提取和存储，还能为学生提供多角度理解事物的契机，帮助学生强化知识之间的联系，建立起知识的内在结构，获得对事物本质属性的认识。这些教师看上去做了很多与考试无关的事情，但丰富的作业类型和多样化的学习实践，可以充分调动学生做作业的积极性，激发他们创造性地完成作业任务的志趣。这既有利于课程目标的实现，也有利于他们在考试评价中有更好的表现。

五是关注学生的作业过程，发现其中有价值的教学信息。有课程意识的教师对学生作业情况的关注，往往着力点不在对和错上，而是在于学生完成作业的过程所反馈出来的各种信息。特别是形成性作业，其本来的目的就是通过观察了解学生做作业的过程，发现和了解他们是如何理解所学的知识的，在什么地方有让人眼前一亮的创新点，在什么地方出现了思维卡壳。这些过程信息非常重要，可以帮助教师及时调整教学进程，改进教学设计，形成教与学同频共振的良好生态。教师一定要杜绝作业正确就证明学生学得好的观念，要和学生达成共识：错误是重要的学习契机，是最好的学习资源。

六是注重反思与改进。上述的每一个特点，其中都包含着反思和改进的要素。下一个原则"不断评估和改进"将对此做专题讨论，这里不再展开。

9 不断评估和改进

设计好的作业，在实施过程中，是否能体现设计的意图？是否会出现预想不到的情况？如果预期的效果和实际的情况存在较大差距，背后的原因是什么？……这一系列问题提醒教师，将作业设计好呈现给学生，设计的任务并没有完成。在学生做作业以及教师批改统计的过程中，他们获得的各种信息都可能指向作业设计本身，教师应该据此对作业设计进行评估，必要的时候可以对作业进行修改和调整，使作业能更好地实现预期目标。

PDCA 循环

作业的评估和改进，需要参照相关的质量管理理论来进行。不同专家提出的质量管理理论很多，被大家广泛采用的是 PDCA 循环。PDCA 循环由美国质量管理专家沃尔特·A. 休哈特（Walter A. Shewhart）首先提出，后经世界著名的质量管理专家威廉·爱德华兹·戴明（William Edwards Deming）的宣传和推广，被人们普遍接受，所以又被称为戴明环。全面质量管理的思想基础和方法依据就是该循环。

PDCA 是英语单词 Plan（计划）、Do（执行）、Check（检查）和 Act（处理）的第一个字母。PDCA 循环的含义是将质量管理分为上述四个阶段，按照顺序加以实施和管理。其循环流程可用图 9.1 来表示。

图 9.1 戴明环

计划：制订工作方针或工作计划，以及实现目标的行动方案，并对目标的可行性进行分析和论证。

执行：按照计划以及行动方案的要求开展各项活动，将各种资源整合到具体的活动之中，转化为可供评价的成果。

检查：对是否实现了预期的计划和目标进行评估。如果发现问题，要分析原因，判断是最初的目标设计出现了问题，还是在执行过程中出现了偏差，找到问题的症结所在，并提出改进建议。

处理：根据改进建议对最初的方案做出修改，并根据修改之后的方案再次进行实践，看是否能达到预期的目标。如果达成了预期的目标，那么随后你可以提炼出其中的原则、方法等，将它们运用到今后的实践中。

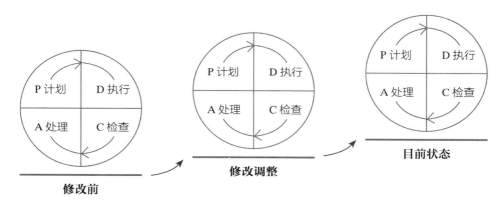

图 9.2　多轮调整、改进和质量管理

多数情况下，这样的改进和调整并非一次就能完成，需要一次次地修改和完善。每一个循环解决掉一部分问题，然后进入下一循环。通过一轮又一轮的调整、改进和质量管理，我们可以不断向预期的目标方向靠近。其工作模式见图 9.2。全面质量管理活动的全部过程，就是质量计划的制订和组织实现的过程。这个过程就是按照 PDCA 循环，不停顿地周而复始地运转的。

作业设计的 PDCA 循环

作业设计是整个作业的起点与前提，也是作业诸环节中最为关键的环节。作业设计的质量直接决定了作业的质量。在作业设计中，我们要充分运用好 PDCA 循环，建立良好的动态反馈机制，提升作业设计质量。

作业设计的 PDCA 循环由以下四个环节组成。

○ 作业目标

在现实教育情境中，教师有关作业的思考，主要集中在如下几个方面：一是从整体上估计作业总时间、预先做题目、估计作业的整体难度；二是判断每道题的难度，估计完成每道题的时间，调整作业类型与数量；三是明确每道题适合的学生，分析有无科学性错误等问题。从总体上看，教师对于作业目标思考的频次很低。这会在一定程度上影响作业整体的设计质量。清晰明了的作业目标，可以对后续的作业编制等环节的工作起到关键性的引领作用。

○ 作业编制

对大部分教师来说，完全凭借自己的力量为学生编制每天的作业很显然是不现实的。而根据设定的作业编制计划，在已有的大量练习册和教辅资料中，找出大体符合要求的练习题，通过适当地改造，让它们符合自己预设的目标，应该是不难做到的。教师切忌采取"拿来主义"，将别人汇编的试题一股脑儿地全盘接受，不加任何改动就转手发给学生。

教师应该努力尝试去亲手编制一些作业，并将自己编制的作业与市面上已经存在的同题材、同类型的作业进行比较，看看在作业的编制上还存在哪些不足，以此来提升自己编制作业的水平和能力。

○ 检验修订

教师可将编制的作业，在班级中进行试用，看是否能实现预期的目标。如果和预期目标之间存在差距，那么教师则要分析原因，提出改进的意见和建议。

○ 改进完善

教师可依据改进的意见和建议，对最初设计的作业进行修改，将修改之后的作业布置给学生。教师可通过学生在做作业过程中的反馈以及作业的结果，判断修改完善之后的作业是否实现了预期的目标。如果目标仍未实现，那么教师应进一步修改。如果目标已经实现，那么教师可将该作业收录到作业库中，并将作业研制中获得的相关信息做好记录。以后教师可以根据这一作业，编制出一组同一题材、同样难度的作业，在不同的场合使用。

上述几个环节中，前四个环节我前面已有相关论述，这里就不再重复了。关于第三个环节，我想举几个案例，让大家体会一下检验修订工作的重要性。

案例 9.1 理解平均数

平均数描述的是一组数的相对集中程度，是小学生经常接触的一类与生活有着密切联系的应用问题。在学习了平均数的相关知识之后，一位教师给学生布置了一道作业题，检查学生对平均数概念的理解情况。

下面是三（1）班四名同学的身高数据表：

序号	1 号	2 号	3 号	4 号
身高（厘米）	134	136	142	132

四人中有（　　）人的身高低于平均身高。
A. 1　　　　　　B. 2　　　　　　C. 3　　　　　　D. 4

教师对学生的作答情况进行了统计，发现学生给出的答案五花八门，单选 A、B、C、D 的学生都很多，选 A、B、C、D 四个选项的学生人数也很接近。除此之外，还有选 AC、AD、ABD 等组合选项的，结果完全在教师的预设之外。

为什么会出现这样的情况？教师对学生进行了访谈，发现问题出在两个方面：一是题干给出的"序号"和四个选项非常接近，让学生以为两者之间存在对应关系；二是一些学生把"有（　　）人"理解成了"第（　　）人"。在摸清了问题产生的原因之后，教师对这道作业题做了如下修改。

下面是三（1）班四名同学的身高数据表：

序号	丁丁	小佳	亮亮	小东
身高（厘米）	134	136	142	132

四人中有（　　　）人的身高低于平均身高。

A. 1   B. 2   C. 3   D. 4

教师让三年级其他班的学生再次试做修改之后的作业。结果表明，虽然单选 A、B、C、D 的学生依然存在，且还有个别学生选择了两个以上的选项，但学生整体的正确率有了明显的提升。排除试题的干扰因素后，作业的质量得到了明显的改善。

案例 9.2　科学探究 [①]

在小学三年级的科学课程中，有关于生命科学的相关知识。其中一个核心概念是，所有生物都通过食用食物来生存和生长。为了考查学生对这一核心概念的理解情况，教师编制了如下作业。

小丁想研究"食物对蜗牛生活的影响"，以下实验配置中最合理的是（　　　）。

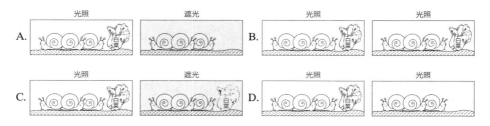

图9.3　食物对蜗牛生活的影响实验

---

① 郑方贤. K-12 科学课程测评系统研究：大规模测评与课堂实践的整合 [M]. 上海：上海科技教育出版社，2021：65-66.

这道作业题的正确答案是 D。

学生完成作业后，教师对学生进行访谈，主要追问以下三个问题：

1. 你觉得没有放菜叶的盒子里的蜗牛最后会怎么样？

2. 在"食物对蜗牛生活的影响"实验中，需要改变的条件是什么？

3. 不需要改变的条件又是什么？为什么？

通过对学生的访谈，教师发现虽然学生给出的答案大都是正确的，但他们在回答这个问题的时候，主要是从科学实践的角度去思考实验设计方案，较少关注这个问题中的变量"食物"。换句话说，这道作业题并没有很好地指向拟考核的核心概念。为此，教师对作业进行了修改，将变量改为"光照"，并提示实验期为两个月，以引导学生思考给蜗牛放食物的重要性。更改之后的作业如下。

小丁想研究"光照对蜗牛生活的影响"，实验时间为两个月，以下实验配置中最合理的是（　　　）。

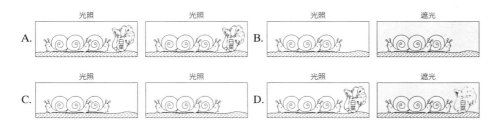

图 9.4　光照对蜗牛生活的影响实验

从上述两个案例中我们不难看出，学生不能正确完成作业，或不能按照教师的意图回答作业问题，很多时候并不是对所学知识本身不理解，而是作业隐含了这样或者那样的干扰项，把学生的思维给带偏了。

教师要有改进的意愿

作业设计的质量，可从作业的可解释性、科学性、难度、多样性、选择性、结构性等多个维度进行分析和管理。作业的可解释性主要是指目标针对性，即作业目标是否清晰、科学、有效等，另外作业的指向要清晰，要多采用学生易懂的语言，避免给学生造成额外的理解负担。上述两个案例最初的设计，就在可解释性方面欠火候。作业的科学性主要指作业是否存在科学性错误。作业的难易程度取决于课程标准的要求以及学生已有的经验，教师需要在吃透标准和教材、摸清学情的基础上合理加以综合判断。过于简单的作业，会带来反复操练、机械重复等问题，让学生产生厌学的情绪；过于困难的作业，会加重学生的焦虑，让学生的自信心受到打击。作业的多样性主要是指作业类型丰富，除了纸笔类作业外，多增加一些实践类的作业、表现类的作业。选择性主要是指通过作业的分层与分类，给不同需求的学生提供选择的机会，让作业更加具有针对性。结构性主要是指作业整体的难度分布、目标合理性等。

教师要有积极投身作业设计评估和改进的意愿。如果上述的每一个因素都通过 PDCA 循环得以改善，那么教师作业设计的水平就会提高，也会对作业质量的提升带来积极的影响。

第二部分

提升作业设计
质量的着力点

10 以作业框架规范作业设计

作业设计是由作业框架的制定、具体作业编制、作业效度评估等要素组成的系统。作业框架是从学科视角对作业设计提出的规范，既包括学生知识技能以及能力素养的维度特征，也涵盖了作业的目标、类型、内容、数量及完成时间等因素。作业编制是将框架的要求具体化的过程，即编制出作业题。作业效度评估即对编制好的作业进行测试，通过采集的相关信息，分析学生的解题思路是否与编制者的意图相吻合，从而判断编制出来的一道或者一组作业题是否达到预期目标。在这三个要素中，作业框架具有统领性作用。

作业框架的概念

框架这一概念源自建筑学，指的是提供一个具有约束性、支撑性的结构，用以处理比较复杂的问题。如果你领取了搭建一座房子的任务，同时有两种方式可供选择：一是给你准备好了各种材料，你设法用这些材料一砖一瓦地将房子搭建起来；二是在提供了这些材料的同时，还帮你将房子的基本框架搭建起来，你只需要在框架上添添补补即可。很显然，你肯定会选择第二种方式，不仅操作起来更加简单便捷，还不用担心搭着搭着房子歪倒之类的事情发生。这就是框架的好处。

作业框架就是教师在编制作业时依据的具有约束性、支撑性的结构。它可以减少教师在作业编制过程中单调重复的劳动，帮助教师在设计作业时紧紧围绕课程标准的要求，依据教学和学生的实际设计出更有针对性的作业，既看到树木，又能关注森林，从宏观层面理解作业的价值和功能。

制定作业框架要以课程标准为依据，确定作业目标、选择与组织作业内容、明确评价方式，使作业成为落实党的教育方针，深化课程教学改革，实现育人目标的重要手段。具体来看，作业框架通常包含以下几个方面。

○ 作业目标

这里所讲的作业目标，主要涉及单元作业目标、课时作业目标和一道作业题的目标三个层面。作业目标通常包含以下几层意思：一是期望学生达到的作业效果；二是学生通过完成这项作业知道自己可以学到什么，会做什么；三是判断学生是否达到了课程目标规定的学习要求。

目标通常有课程目标、模块或单元目标、课时目标等不同层面。每个层面的目标，都有与之相应的作业目标。除此之外，每道作业题也有设计目标。从整个课程的角度思考作业目标，对教师来说还是颇有难度的。

○ 作业类型

依据不同的分类标准，可以将作业分为不同的类型。从学习的性质看，作业可以分为纸笔类作业和实践类作业；从作业的目标和功能看，可以将作业分为诊断性作业、引导性作业、形成性作业和总结性作业；从时间维度看，可以将作业分为当天的作业和长周期作业……上述每一种作业类型均可以根据题型等进一步细分为风格多样的作业类型。每一种作业类型都有独特的价值，都能助力学生的全面发展。选择适切的作业类型，是为了让有限数量的作业发挥最佳效能，更好地落实作业目标。

○ 作业内容

学习的经历、解决问题的思路和方法、学习的结果，是作业内容设计的三要素。虽然很多事情就在学生身边发生，但并没有在他们大脑中留下任何痕迹。作业也常如此，学生做很多作业时就是机械刷题，很少关注作业本身。虽然学生已经完成作业，但脑海中没什么印象。这是我们在设计作业时要努力避免的。思路和方法，也要立足于核心素养的培育，着眼于高级思维能力的培养。既有丰富经历，又有思维品质的作业，必然能给学生带来学习的兴奋感，产生良好的学习效果。

○ 作业难度

简单地说，就是作业的难易程度。作业的难度一方面取决于课程标准的要求，另一方面与学生的学习实际有关。对于不同类型的作业，确定作业难度的依据也不相同。如果设计的是总结性作业，目的是检查学生经过一段时间的学习之后是否达到课程标准的要求，那么作业的难度完全取决于课程标准的要求，这是一种绝对难度，反映的是学生个体和整体的达标情况。如果设计的是学习过程中的形成性作业，那么作业的难度一方面要取决于课程标准的基本要求，另一方面还要取决于学生的实际学习情况。如果教师能针对不同的学生设计出不同难度层次的作业，既可以保证基本要求的达成，又能让学有余力的学生拾级而上。

○ 作业量

教师可以依据学生完成作业的时间来衡量作业量是否合理。很多教师经常在作业时间的估计上出现偏差，常以优秀学生完成作业的时间为准来布置作业，导致大多数学生每天在作业上花费的时间过多。教师对作业难度估计不准，也是导致作业时间过长的原因之一。还有不同学科教师之间作业的协同不够，以及没有考虑给学生预留自主作业的时间等，这些都会导致作业时间过长。教师从单元视角设计作业，能够更好地把控总的作业量，更容易控制每天的作业时间。

○ 作业示例

聚焦学科核心知识、具有示范意义的作业案例，可以给教师留下直观印象，也便于教师学习和模仿。

作业框架可以采用文字描述的方式加以呈现，也可以设计相关表格。由于各学科课程标准都有自己独特的风格，作业的呈现方式也有各自的特点，因此作业框架不可能有统一的格式，需要结合学科实际来确定。即便是同一学科，不同单元的作业设计框架也可能是不同的。

几个层面的作业框架示例

和作业目标相对应，教师在作业设计中经常会用到的作业框架有三个层级，分别是单元作业框架、课时作业框架、单个作业框架。

○ 单元作业框架

依据上述作业框架的主要内容，可以设计如表 10.1 所示的单元作业框架表。

表 10.1 _____单元作业框架表

课时安排	作业目标	作业类型	作业内容	作业难度	作业量	作业示例
第一课时						
第二课时						
第三课时						
…………						

将一个单元所有课时的作业统一纳入一个框架之中，可以帮助教师从单元的视角整体考虑作业的设计问题，它的价值体现在以下几个方面。一是引导教师思考单元课程目标、单元教学目标与单元作业目标之间的关系，充分发挥单元作业目标在落实课程目标方面的独特作用。二是引导教师更加关注单元作业的整体结构，明晰每一课时的作业与整体之间的相互关系，在作业设计中体现思维的递进性。三是教师会根据每个课时教学内容的不同，合理分配不同类型、不同内容、不同难度的作业，既保证课时作业的适切性，又体现出单元作业的多样性，给学生提供多样化的学习经历。四是教师持续不断地进行作业框架实践，既可以提升教师的作业设计能力，又可以提升教师整体把握课程标准和进行课程建设的水平。

○ 课时作业框架

教师根据单元作业框架表，可以进一步细化每一课时的作业框架。细化体现在几个方面：一是对单元作业框架中已有项目的内容做更加精准的描述，使作业编制的指向性更加明晰；二是可以添加与作业相关的其他要素，或者将课时作业框架进一步细分为内容框架、能力框架、情感框架等类型，更加全面地思考作业设计；三是聚焦核心素养的培育，在框架中明晰与作业相关的核心概念，作业设计要着力围绕核心知识来展开；等等。课时作业框架示例如表 10.2 所示。

表 10.2　初中地理"中国的水资源"单元第二课时作业框架 [①]

课时目标	核心概念	学习水平	作业类型	作业内容	作业难度	作业时长	作业来源
联系所学气候与河流知识，分析我国水资源分布不均匀的原因。	综合思维、人地协调观	理解、应用	识图、读图趋势分析逻辑推理综合分析	①阅读学生所在地区的气候资料，简述其降水特征；②阅读"中国径流带分布图"，结合所学知识，简要说明所在地区缺水的主要原因是什么；③读"我国部分跨流域调水工程示意图"，结合河流流向和地形条件，选择临近本地区的一个水库，判断水库的水可否流至本地区；④说一说引黄工程对受水地区的有利影响有哪些。	中等	10—15分钟	其他作业改编

　　上述课时作业框架示例，是对李屏老师的一篇文章加以改编而成的。和单元作业框架相比较，增加了两个因素，即核心概念和学习水平，这都是课程标准的要求。这实际上是提醒教师在设计作业时，要时刻关注课程标准、课堂教学以及作业设计三者之间的内在一致性，善于从课程的视角、单元的视角来思考课时作业的设计。示例中的作业内容，也很值得教师借

---

① 李屏."双减"政策背景下初中地理单元作业设计探析——以"中国的水资源"
　　为例 [J]. 新课程评论，2022(5)：76-78.

鉴。设计作业内容不是简单地将一组作业堆砌在一起，而是构建一个问题链，让学生沿着这个问题的线索做一系列思考和探究，逐渐从运用低阶思维发展到运用高阶思维，培养核心素养。

○ 单个作业框架

课时作业由一道道具体的作业题组成。作业题的设计也有一定的规范。下面提供了单个作业框架的一个示例。

表 10.3 单个作业框架

编号	
题目	
作业目标	
作业类型	
作业难度	
作业时间	
完成方式	
试做发现的问题	
修改建议	
调整后的题目	
答案或者解题思路	

表 10.3 明确了单个作业的一些基本属性。给每一道作业题一个独特的编号，有利于对课时作业、单元作业进行统一管理。如果我们能在线上设计和修订完善这些作业，那么还可以将表中所列的各种属性作为一种标识做信息采集。这样可以实现作业的宏观管理和分析。上述表格既记录了最初设计的作业，还记录了试做过程中发现的问题以及修改的建议，也呈现了修改调整之后的作业样貌。对开展作业设计的研究来说，表中的这些信息和记录非常有价值。

11 细化作业目标

如果教师上完课后仅仅是出于习惯布置几道作业题给学生做，自己对该给学生布置怎样的作业缺少深思熟虑，也不明确作业的目的或者目标，那么所布置的作业要想达到应有的效果是很难的。

明确作业目的

美国威斯康辛州新柏林校区改进与评估项目的负责人艾琳·迪普卡（Eileen Depka）在《聚焦家庭作业：改进实践、设计以及反馈的方法和技巧》一书中，依据目的的不同，将作业分为诊断性作业、引导性作业、形成性作业、总结性作业四种类型。这样的分类很有价值，可以让我们在设计作业的时候更加具有针对性，指向更加明晰。

诊断性作业的目的是在学习新知识之前，评估学生对新知识、新技能的知晓程度，了解学生具备怎样的背景知识。这类作业不需要很多，也不需要学生去查阅相关的资料或学习相关的内容来保证结果的正确性、合理性，重点在于从作业中获取学生"前概念"[①]方面有价值的信息。

引导性作业的目的是为学生提供学习新知识所需要的背景知识。每个学生的人生经历都是非常独特的。他们的学术视野、所关注的事物有很大区别，在学习新知识时有着千差万别的知识基础。而要让课堂教学富有成

---

① 所谓前概念，是学生在学习新知识之前就已经具有的关于这些知识的观念。这些观念将以各种方式影响他们从新的经验中获取信息。前概念具有个体差异性、不连贯性和稳定性等特点。

效，教师需要给学生设计引导性的作业，让学生通过对相关资料的阅读和学习、对相关问题的思考和讨论，建立起共同的知识基础，在学习新知识之前达到共同的理解水平。只有这样，学生才不会在学习中掉队。很显然，学生诊断性作业的完成情况，是引导性作业设计的基础。

形成性作业以常见的课后作业为主，其目的是了解学生对新知识的理解程度的动态变化情况，并及时反馈给教师和学生，以便确定下一步是继续巩固和深化正在学习的知识，还是转向下一个单元的学习。学生学习了新知识之后，需要通过多次的练习以及和相关知识建立联系，不断强化大脑新创建的神经链接回路。形成性作业给学生提供了练习正在学习但尚未掌握的技能或流程的机会，同时也强化着神经链接回路。

教师不假思索地在课后布置给学生的习题，很多时候还称不上是形成性作业。它们当中有很多是碎片化的知识，不能促进学生在新知识和已有的知识之间建立有效的链接。学习的本质是大脑中的神经元之间构建起各种链接回路，把新的经验与已有的认知结构连接起来。学习新知识固然重要，但比这更重要的是将新学习的内容与已有知识之间建立连接通道，丰富、固化检索和提取方式，拓展自己的认知结构。形成性作业的设计，要依据大脑的工作规律，不断重构和丰富学生的知识体系。

总结性作业的目的是评估学生在学习新的知识之后，对核心概念、思维方法以及解决问题的策略等的理解和应用情况。经过一段时间的学习，教师认为学生已经达到或者基本上实现教学目的时，就可以布置总结性作业来检验学生的学习状况。如果结果和教师的预期一致，那么学生可以启动新的学习内容；如果发现某些环节依然有问题，那么教师可以根据学生作业反馈的情况对后续教学计划做出调整。

细化作业目标

从上述讨论可知，不同的作业有着不同的目的。教师需要根据教学的进程来确定何时该给学生布置什么样的作业。目的相对而言是宏观层面的。教师要设计出高质量的作业，仍然需要做进一步的细化，进一步明晰单元作业的目标甚至一道作业题的目标，这样教师和学生才可以有的放矢。

细化作业目标的基本流程见图11.1。作业是课程的重要组成部分，作业目标的细化必须要站在课程的高度进行整体的思考。

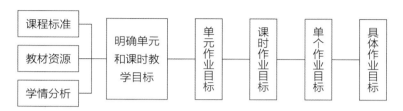

图 11.1　细化作业目标的基本流程图

课程标准所规定的课程目标和内容标准是每一个学生都应该达到的基本要求，通过教材和配套的教学资源、课堂教学、丰富多彩的活动、作业的设计与实施等多种渠道得以实现。在此过程中，学生已有的知识基础、学习状态等，都会对这些要求的落实带来影响。因此，细化作业的第一步就是仔细研读课程标准，深入挖掘教材和配套的教学资源中蕴含的各种教育元素，在对学生的学情有充分了解的基础上，确定单元教学目标和课时教学目标，制定单元教学的实施方案。

在明确单元教学目标和课时目标的同时，教师还要同步思考落实目标的具体举措和路径，判断是否需要设计诊断性、引导性、形成性和总结性的作业来助力教学目标的落地，是需要其中的部分作业类型，还是四种类型的作业都需要设计。由此逐步细化作业目标，从单元作业的目标拟定开始，延伸到每一课时的作业目标，最终将每一道作业题的目标都梳理清楚，如表11.1所示。

表 11.1　作业目标汇总表

单元作业目标：							
第一课时作业目标：				第二课时作业目标：			…………
作业 1	作业 2	作业 3	…………	作业 1	作业 2	作业 3	…………
类型：	类型：	类型：		类型：	类型：	类型：	
目标：	目标：	目标：		目标：	目标：	目标：	

在此过程中，我们要厘清课程目标、教学目标、作业目标三者之间的关系。课程目标落实立德树人的根本任务，承载着"五育"融合的教育高质量发展新要求，是从全面发展的高度对课程教学提出的总目标。但由于受时空的限制，有一些课程目标很难在课堂教学中实现，作业可以弥补教学的不足，促进学生个性化发展。因此教学目标和作业目标的内涵并不一定完全一致，但它们相辅相成，共同促进课程目标的达成。

拟定作业目标有几个方面的好处。一是可以帮助我们根据课程目标、单元目标和作业目标之间的关系来判断作业是否聚焦于课程目标，这有利于促进目标、教学、作业三者之间的内在联系。二是让作业更加聚焦学科的核心概念和关键目标，确保学生练在点子上、练在关键处。三是为评估学生是否理解相关单元、相关主题的知识提供标准。教师可以据此决定后续的教学安排。四是帮助学生理解什么是高质量的作业，当他们自主选做一些作业的时候，作业目标就是选择的依据。

目标要让学生明了

无论是单元作业目标、课时作业目标还是一道作业题的目标，教师都应该提前告诉学生，并通过详细的解读让学生有比较清晰的认识。学生对作业的目标了解得越清晰，在完成作业的过程中就会越积极和主动。

案例 11.1　练习使用形容词

请选择你身边或周围的三个物件，尝试用三至五个形容词描述每个物件，越多越好。

我们经常可以见到这样的作业。教师在设计该作业的时候，注意到让学生从自己身边熟悉的事物入手描述，对每个物件可选的形容词数量给出了底线要求，让学生展开联想。这样的设计是值得肯定的。但学生在做该作业时，很难明白自己为什么要做。学生如果稀里糊涂地完成任务，其作业的质量是要打折扣的。

教师在明确告诉学生这道作业题的目标的同时，若能进一步告知学生是否达成作业目标的检测方法，学生对目标的理解就会更加清晰。

目标：准确使用形容词描述某物体的特征。让他人根据你的描述想象出这个物体是什么。

学生听了或者看了上述要求，马上就会明白，练习使用形容词有助于自己更加精细地描述物体的细节，有助于通过想象来识别事物。明晰了这些目标，学生或许还会有这样的尝试：自己用形容词描述身边的某一个物件，让同学或者家长根据描述判断自己说的是什么。如果判断有误，还要继续补充形容词，让描述更加精细。这种充满互动的、具有游戏特征的作业，很自然地就与学生的成长建立起了关联。他们对作业的价值和意义的认识也会进一步提升。

如果说作业的目标是让学生有兴趣参与，那么相关性就是一个关键要素。相关性体现在几个方面。首先是和学生自身相关。教师要让学生始终明确，做作业是为了自己的成长，而不是做给教师或者家长看。其次是和学生的生活经验相关。从熟悉的事物切入，学生容易上手。从看似平凡的现象中提炼出新的意义和价值，容易激发学生的兴趣和调动学习的积极性。再次是与学科的核心价值相关。就像上面的这个案例，如果教师布置的作业是让学生用绘画、裁剪、粘贴等方式来描述身边的某一个物件，那该作业的设计就走偏了，学生会在手工制作方面浪费相当多的时间，而偏离作业原本的目标。

12 要有可解释性

可解释性原是机器学习方面的一个概念，将它引申到作业设计中来，指的是教师和学生对为什么要设计这些作业，以及这些作业所能起到的效果的认识和理解程度。很多教师习惯于上完课后在购买的习题集中找一套作业题让学生做，这其中就存在一些问题，比如教师的教学内容和布置给学生的作业是否可以做到讲练结合？为什么全套作业都要让学生做？每一道作业题的意图是什么？……教师对作业的意图、功能的认识越是深刻，越可以针对学生的实际对是否需要做这样的作业做出正确判断。

作业的可解释性，取决于教师对课程标准、教学目标、教学内容和作业编制等的理解程度，取决于教师对学生的学习心理、当下基本学习状况、测量学基本原理等的把握程度。

目标的可理解性

作业设计的起点是课程标准。2022 年颁布的义务教育各学科课程标准有很多让人眼前一亮之处，但要想将其中的内涵理解透彻，也是需要下一番功夫的。我们不妨以《义务教育科学课程标准（2022 年版）》"物质的结构与性质"模块中的课程内容（见表 12.1）为例，来实际感受一下。

在表 12.1 的内容要求中，出现了"知道""理解""会""学会"等描述不同学习水平的行为动词，来描述这些知识点的教学目标和难度要求。那么，这些行为动词本身有什么含义呢？在不同的情况下是否可以有不同的行为表现呢？《义务教育科学课程标准（2022 年版）》的附录 2 中，仅对这些行为动词做了分类，将它们分为认知、技能和体验三种类型，给出了水平上的划分，却没有对行为动词本身做出解释。

表 12.1 《义务教育科学课程标准（2022 年版）》课程内容（选） [①]

学段	学习内容	内容要求
7—9 年级	1.1 物质具有一定的特性与功能	①知道不同物质具有不同的物理性质和化学性质，如硬度、弹性、磁性、导热性、导电性、溶解性、酸碱性等。 ②知道质量的定义，学会用天平测量质量；理解密度所反映的物质属性，会测量固体和液体的密度。 ③知道外界条件（如温度、压力等）能影响物质的性质。

在这种情况下，教师要在具体的教学实践中准确把握教学目标是很困难的。这就带来一个问题：如果有教师拔高了教学的基本要求，大部分的教师都会跟着拔高，从而造成教学偏离教学基本要求的现象越来越严重。在实际教学过程中，一些教师还有"一步到位"的心理，将原本是全部课程学习结束后学生应该完成的学习结果前置，在新课教学中就开始加码，并给学生布置一系列要求过高的作业。这两种因素叠加，就会造成学生负担过重，学习兴趣锐减。

要让作业设计基于标准，落实标准的要求，教师需要细化标准。教师要对课程标准中所确定的学习内容的学习水平进行更进一步的细分，将它分解为若干个亚层，然后再对照教学内容，明确教学目标，并确定作业设置应该和哪一个具体的亚层相对应。

下面以两个行为动词为例做一些探讨。

○ 知道

知道是指识别、记忆和回忆学习内容，对知识有初步的认识。学生对于课程标准中要求"知道"的知识，要能说出要点、大意，或能够在有关情境（现象）中加以识别。

以上是对课程标准中"知道"这一教学目标的解读，与此对应的作业

---

① 中华人民共和国教育部. 义务教育科学课程标准（2022 年版）[M]. 北京：北京师范大学出版社，2022: 21.

目标可以进一步细分为三个水平。

水平一：只需了解，不需要记忆。

对于这类知识，教师没有必要给学生布置作业。

水平二：识记（分辨）。

识记（分辨）是指从有关说法中将某一概念、规律的正确说法分辨出来。示例如下。

案例 12.1 识记原子核中带正电的粒子

原子核中带正电的粒子是（　　　　）

A. 质子　　　　　　B. 中子　　　　　　C. 电子　　　　　　D. 原子

水平三：识别（提取）。

识别（提取）是指识记相关的学科概念和规律，并用它来判断有关说法是否正确。示例如下。

案例 12.2 识别物体质量变化

把一块泥捏成泥人，泥的质量将_____（选填"变大""变小"或"不变"）。

○ **理解**

理解是指初步把握学习内容的由来、意义和主要特征，是对知识的一般认识。学生对于课程标准中要求"理解"的知识，要能明了知识的确切含义并能运用于分析、解决简单的实际问题，如解释简单的自然现象，进行简单的计算。

从以上解读中可以看出，需要"理解"的知识，所涉及的变化过程应该是单一的，所涉及的学科知识内容也是有限的。教师可以进一步细化作业目标，按照从低到高不同的思维水平，划分为四个不同的水平层次。

水平一：举例或分类。举例，即为一个概念或原则找到一个具体的例子或者例证；分类，即确定某物属于哪个种类。

如果学生能够对一个问题举例说明，或者说能够进行分类，说明他已经对这一问题有了初步的理解。能否举例和分类，是判断学生是否理解的依据。示例如下。

案例 12.3　材料分类

我们大体可以将材料分为天然材料、烧炼材料、合成材料等。下面是一个分类的实例：

类型	天然材料	烧炼材料	合成材料
材料	木材、大理石、皮革	钢铁、陶瓷、铝	合成纤维、合成橡胶、合成塑料

请再选择一个分类标准，将上述材料重新分类。

类型	
材料	

水平二：信息转换，是指从一种呈现方式转换成另一种呈现方式。图像、公式、文字三种不同类型信息之间的转换，就属于这类情况。示例如下。

案例 12.4　将表中数据转换为柱状图

表 12.2 记录了几种哺乳动物的妊娠期及照顾幼崽的大致时间，请将表中的数据用柱状图的方式呈现出来。

表 12.2　哺乳动物妊娠期及照顾幼崽时间

种类	妊娠期	照顾幼崽的时间
鼠	23 天	1 个月
豹	3 个月	12 个月
海豹	11 个月	23 天
大象	21 个月	24 个月
猕猴	6 个月	4 个月

水平三：推断或解释。推断，即从呈现的信息中得出一个逻辑结论；解释（建构），即为一个体系建构一种原因—结果模型。示例如下。

案例 12.5　推断汽车刹车后位移距离

在平直公路上以 15m/s 的速度行驶的汽车，刹车后做匀减速运动，经过 2 秒汽车尚未停下，通过的位移为 18m，那么汽车刹车后 5 秒内通过的位移是多少？

告诉学生一辆汽车的运动过程和刹车后前 2 秒的相关信息，让学生计算刹车后 5 秒内的位移，实际上就是让学生做一个推断。其内在的逻辑关系是，在运动的过程中，加速度是一个衡量；所依据的规律是，匀变速直线运动的速度公式和加速度公式。

水平四：比较和总结。比较（对比、映射、匹配），即发现几种观点、目标等之间的异同；总结（抽象化、普遍化），即抽象出具有普遍性的主题或主要观点。示例如下。

案例 12.6　总结动物体形与照顾幼崽时间的关系

从表 12.2 中，大致可以看出这些动物体形的大小与它照顾幼崽时间长短的关系是＿＿＿＿＿，其中例外的是＿＿＿＿＿。

教学内容要进一步细化

教学目标以教学内容为载体，也通过教学内容来落实。在制定教学目标、设定作业目标的过程中，我们要依据所教知识的基本功能做更具实操性的细化。

比如在自然科学学习领域，知识的基本功能和价值主要体现在以下几个方面。

一是知识的理论价值，即该知识在构建学科知识结构、形成学科知识体系中所发挥的作用。那些"牵一发而动全身"的知识，自然属于学科的核心知识，是教学和作业环节都需要强调的。那些学科知识体系中旁枝末节的知识，本身不是特别重要，但往往在拓宽视野、创建与其他知识的联系方面有独特的价值。

二是知识的应用价值。学科中总有不少知识和现实生活联系紧密，在理论联系实际方面有独特的价值。受课堂教学时空的限制，这类知识有时在课堂教学中很难铺展开，课后作业特别是长周期作业可以给学生创造条件，让学生利用课堂上所学的知识解决科学技术、生产建设、日常生活中的一系列实际问题。课堂教学与课后作业有机衔接，互相补充，最终可以较好地落实课程目标。当然，在理论联系实际的过程中，也要考虑到学生的身心安全，可以和生命教育联系起来。

三是知识的能力价值。这是指知识本身所蕴含的对人的能力提升以及核心素养的培育有促进作用的因素。学科的知识，承载着各不相同的功能。有一些知识本身或许不重要，但发现、创立这些知识的过程所蕴含的思想方法、解决问题的策略等，具有普遍的意义。课堂教学和作业的核心，就要指向这样的思想方法，以达到提升能力的目的。

四是知识的教育价值。这是指学科知识中所蕴藏的"五育"融合、价值判断、世界观等方面的要素。我们在课堂教学和作业布置中要通盘考虑，有机融合，以促进学生德智体美劳的全面发展。

下面以高中物理学科中"自由落体运动"一课的教学内容为例做进一步的解读。

首先，分析知识的理论价值。这一部分的知识是初速为零的匀加速直线运动的一个特例。如果单从新知识的学习来看，本课的重点是让学生了解所有的自由落体运动的加速度都是重力加速度，而且大小和方向是恒定的，其他知识都不是新知识。因此这一部分的知识学习要求是不高的，可以这样设定教学目标：知道自由落体运动，理解自由落体的速度公式和位移公式。

从教学目标可知，自由落体运动这一知识点的核心不在于运算。学生只要会处理初速为零的匀加速直线运动的相关问题，自然就会处理自由落体的相关问题。教师没有必要布置很多练习使用速度公式和位移公式的作业。

其次，分析知识的应用价值。自由落体运动在日常生活中的应用不是很普遍，这一部分知识的应用要求也不高。教师可以设计一个小实验——"测量人的反应速度"，让学生体会知识的应用，但要求要低。可以这样设定教学目标：可以使用自由落体知识对人的反应速度进行简单的判定。

有了这样的教学目标，我们可以在课后布置一道实践作业题：用一根刻度尺来测量自己或者家人的反应速度，并说明其原理。[①]

再次，分析知识的能力价值。自由落体运动这一知识的发现过程，具有非常重要的教育意义，其中伽利略解决问题的思想方法是本节课教学的重点和核心。伽利略的探究之路面临着重重困难，困难之一：如何测瞬时速度——转化成间接寻找距离与时间的关系；困难之二：如何精确测量时间——设法冲淡重力的影响；困难之三：如何从斜面到自由落体。教师带领学生经历伽利略的研究历程，本身就是非常好的"过程和方法"教育的素材。如果能够在此基础上为学生提供自主实验的时空，通过 DIS（"数字化信息系统"的英文为 Digital Information System，简称 DIS）或者频闪照片，让学生"超越"一次伽利略，那这节课的教学目标就落实得更到位了。可以这样设计这一部分的教学目标：经历伽利略探究自由落体运动的历程，认识伽利略的研究方法对今天学习的作用，会用 DIS 实验装置来研究自由落体运动。（根据学校的实际选用）

从感知伽利略，到"超越"伽利略，从技术上看有很大的区别，但解决问题的思路和方法是一以贯之的。对应的作业目标，自然就应该指向对研究方法的感悟和运用。

最后，分析知识的教育价值。伽利略的这一系列研究，是现代科学诞生的重要标志之一。他所创立的研究方法即便今天依然在现代科学研究中有着非常重要的价值。教师可通过讲解物理学史和介绍今天的科学家开展科学研究的方法，让学生体会这一研究方法的价值。这是本节课"情感态

---

① 用手抓取刻度尺是测量反应快慢的最简单方法之一。让别人帮忙拿着刻度尺，被测者将手放在离尺子末端约 20 厘米的位置。拿尺子的人突然放手，被测者用最快的速度捏住下落的尺子，然后测量尺子下滑的距离。距离越短，说明人的反应速度越快。

度价值观"目标的核心。可以这样表述教学目标：感悟伽利略所创立的研究方法的价值。

不需要专门编制这种类型的作业，可以结合"能力价值"目标来设计相关问题，促使学生进行体验，引发学生的思考和感悟。

13 丰富作业类型

如前所述，作业可以分为诊断性作业、引导性作业、形成性作业和总结性作业。这四类作业的目标不同，在作业设计中可进一步细化的作业类型也是有区别的。

诊断性作业

设计诊断性作业，主要是为了摸清学生对即将学习的新知识有哪些了解，以便教师能较为清晰地把握学情，在备课的过程中做到有的放矢。

诊断性作业的数量不需要很多，时间不需要很长。学生可以在课堂上完成，也可以在课后完成。在具体设计中，诊断性作业的主要类型以口头作业、动手操作类作业和书面作业为主。

口头作业要求学生用自己的语言把对某一事物的认识和理解表达出来。教师通过学生对事物的描述，可以非常便捷地判断出学生是否对该事物有正确的认识和理解。其优点是教师和学生个体的交流和反馈及时，缺点是当学生对某一事物的认识不一致，有这样或那样的想法时，教师要想摸清学情，需要花费较多的时间。在设计诊断性口头作业时，教师可以聚焦于学科中的某一个核心概念。那些涉及诸多概念之间联系的问题，回答起来比较复杂，通常不适合以口头作业的形式呈现。诊断性口头作业示例如下。

案例 13.1　有关速度的概念

运动中的物体在生活中司空见惯。你能自选 2—3 个物体，说说你对速度的理解吗？你能提出与速度有关的问题吗？

动手操作类的作业，重在通过观察学生的实际操作过程来诊断学生对某一知识的理解和认识。比如：能否规范操作与使用测量工具直接测量长度、质量、体积、温度等；能否恰当组合测量器材与工具，对物理、化学、生物学科中某一重要的量（如电阻）加以测定；能否正确记录测量所获的数据；能否对数据进行有效处置等。

"理解"也是有不同水平的，如果学生能将抽象的科学概念、解决问题的思路和方法转化为看得见、摸得着的物化操作过程，就可以判断学生已经理解知识。动手操作类的作业既是上述"转化"的桥梁，也是教师观察和诊断的载体，有助于教师把握学生对相关概念和方法的理解程度。

诊断性的书面作业，或聚焦于学生对某一个概念的理解，或着重考查学生对两个事物之间存在的关系的认识，或依据课程标准的要求了解学生在学习新的知识之前有怎样的知识储备，或调研学生对新知识的学习有怎样的期盼。教师可通过对学生已有知识的评估和学习心理的了解，来把握学情，细化后续的教学方案。

比如故事的学习关键在于把握人物、背景和情节：人物是故事的核心；人物的行动是在特定的时间和空间里进行的，它们构成了故事展开的背景；故事的情节是由一个个具有某种内在逻辑关系的小故事按照一定的时空次序组合起来的事件。在阅读故事的过程中，学生对人物、背景和情节三要素的理解程度，决定了他们对这一故事的理解和认知程度。教师可以设计相关的诊断性作业，对学生加以评估。迪普卡在《聚焦家庭作业：改进实践、设计以及反馈的方法和技巧》一书中，以《格林童话》中的《小红帽》为例，给出了相应的诊断性作业案例。我在这里将它加以改编，变成具有一定通用性的案例。

案例 13.2　关于故事_____，请说出你所了解的内容。

1. 本故事中有几个主要人物，能否描述他们各自三个以上的特点？

2. 你是如何理解"特点"的？

3. 故事发生在哪里？为什么故事的背景很重要？

4. 这个故事的主要情节是什么？

5. 你能否用自己的话语，结合本故事给"情节"下一个定义？

引导性作业

教师如果通过诊断性作业发现学生对新知识的认识参差不齐，直接上新课会遇到这样或者那样的学习障碍，就需要提前设计引导性作业。教师可用引导性作业引导学生建构与新知识相关的背景知识，让学生通过互帮互学和主动探究，有基本一致的知识储备。在全班同学有了大致相同的学习起点的基础上开展课堂教学活动，能够最大限度地保证学生不掉队。

引导性作业的类型主要是探究性、合作性的，而且大部分是长周期作业。因为有些学生需要通过探究性的学习来了解基本的知识背景，而这部分知识只是对部分学生而言是新知识，所以教师最好采取合作学习的方式，发挥好同伴之间、亲子之间共学互助的作用。学生了解和认识自己不熟悉的事物不可能一蹴而就，需要一段时间，所以长周期作业的形式比较合适。

中国人民大学新闻学院教授高钢在《遭遇美国教育》一书中，介绍了他做访美学者时带 10 岁的儿子在美国上小学的经历，期间美国教师留给学生的引导性作业如下：用纸制作一座你喜爱的房子，写一篇蚂蚁怎样生活的观察报告，写一篇人类怎样发明汽车的文章，等等。学生在动手的同时还要提交记录制作过程和想法的文字说明，提供"最能反映蚂蚁习性"的三张照片，提交在图书馆查阅与汽车相关的图书资料的借阅目录存根等。

有一项历史课的长周期作业如下。

1. 到图书馆里寻找任意 10 本关于美国历史的著作。

2. 用自己的语言分别写出这 10 本著作的内容概要。

3. 从每本书中选择印象最为深刻的描写、论述或数据，各做 5 张卡片，卡片上要注明引文的出处，包括作者、书名、出版机构、年代和版本。

4. 选择自己认为对美国历史发展进程起到重要作用的 10 位人物，针对每个人物写一段几百字的评论。

这一作业任务的时间期限是四周，是典型的长周期作业。作业中的许多任务是学生此前不了解的，属于探究性学习。为了能够按时完成这项任务，学生需要与家长、图书馆管理人员等配合，还会和同学进行阶段性的交流，合作的特征很明显。

诊断性作业只需要学生回答作业本身的问题即可。但引导性作业需要提供多样化的资源，包括各类图书影像、实验或者制作材料，教师、家长和相关专业人士的资源，以及电脑和互联网等。引导性作业还需给学生选择的机会和涉猎多元化素材的时空。

形成性作业

设计形成性作业的目的非常明确，就是为学生学习新知识提供多样化理解的时空，帮助学生强化新知识的神经链接回路，并和已有的经验建立起关联。学科的核心知识，若仅靠课堂上的时间来学习，不经过间隔性的重复，是很难存储到长时记忆之中的，而形成性作业是实现间隔重复的载体。学科中的部分知识，用课堂讲授的方式很难落实，需要通过实验、调查访谈、实践活动等途径让学生感悟，而形成性作业是弥补课堂教学缺憾的抓手。

无论是书面作业还是动手实践作业，无论是当天就要完成的作业还是长周期的作业，无论是常规作业还是创新性作业，无论是个体作业还是团队作业……几乎所有类型的作业，都可以作为形成性作业布置给学生。教师要设法给学生提供丰富的作业类型，让学生的各种感官都参与到学习活动中来，这不仅有利于记忆的提取和存储，还能为学生提供多角度理解事物的契机，帮助学生强化知识之间的联系，建立起知识的内在结构，获得对事物本质属性的认识。

需要注意的是，虽然各种类型的作业都可以设计为形成性作业，但就学科中某一具体的知识来说，由于有明确的课程目标、作业目标，适宜采用的作业类型是有限的。教师要根据教学内容的实际确定作业类型，不能把作业看作是一个筐，什么类型都往里面装。以下为形成性作业的示例。

案例 13.3　分数的初步认识

"分数的初步认识"是人教版小学三年级上册数学教材中的内容。这节课的教学目标是让学生初步认识分数，知道分数各部分的名称；初步认识几分之一，会用折纸、涂色等方式表示几分之一，并用语言正确表述分数的概念。

根据教学目标，可以确定本节课的作业目标是：能够理解"平均分"的含义；会根据"是否平均"来确定分数的表达是否合理；会用折纸、涂色等方式表示几分之一；会判断有关分数的表述是否正确。

由上述作业目标可知，本节课比较适宜的作业类型有：与折纸、涂色等相关的手工制作类作业，与图形相关的空间关系类作业，以及概念辨析类作业。下面给出具体的作业示例。

案例 13.4　概念辨析作业

辨析下列说法是否正确。

1. 把一张纸平均分成 4 份，其中的 1 份就是它的 1/4。

2. 七分之五可以写作 5/7。

3. 写分数时，先写分子，再写分数线，最后写分母。

4. 分数 3/8 的分母是 8，分子是 3。

案例 13.5　折纸作业

将一张正方形纸张对折三次，然后再将它展开平放。这张纸被平均分成_____份，每一份是_____分之一，写作_____。

案例 13.6　图形相关作业

1. 如图 13.1，图中的阴影部分有_____份，用分数可以表示为_____。

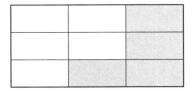

图13.1

2. 图 13.1 中，每一份是_____分之一，写作_____。图 13.2 中，每一份是_____分之一，写作_____。这两个分数哪个大？

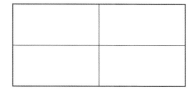

图 13.2

3. 图 13.3 中，阴影部分可以用分数 1/6 表示吗？为什么？

图 13.3

总结性作业

设计总结性作业，是为了检验学生经过一段时间的学习之后对某一单元（模块）的掌握情况是否达到了预期的教学目标。

比较常见的总结性作业类型是一组纸笔作业，由若干道作业题组成。教师根据双向细目表对该单元（模块）的核心内容和作业目标做出关联，确定重点关注的学习内容、作业类型以及对思维水平的要求，在确保单元（模块）知识全覆盖的基础上突出重点，将核心概念、关键能力放在突出的位置。在此基础上，设计恰当的作业，来检查学生的学习情况。

除了上述常规性的作业外，教师可以依据教学目标和预期的作业目标设计表现性任务作业。教师可通过收集学生表现的证据，作为评价学生学习情况的依据。表现性任务的作业类型主要有以下几种。

一是纸笔作业。学生可以就与所学主题相关的某一问题展开论述，或者针对所学内容写一篇综述性文章，或给出一个问题的解决方案。

二是展示类作业。学生可以选择手工制作、模型搭建、视频制作、PPT展示、广告或展板设计、档案袋制作等形式中的某种或某几种来展现自己对学习主题的理解。为了让展示的作业便于评价，在此之前教师要给出不同类型展示方式的评价指标。

三是研究型学习作业。学生可以针对某一探究课题，进行发现问题、提出假设、设计方案、实践探索、搜集数据、数据分析与解释、得出结论等一系列的研究过程。探究的方式也是多元的，包括科学实验、问卷调查、田野调查、人物访谈、文献研究等。

四是口头表达或角色扮演。口头表达要求学生以访谈、演讲或其他口头表达方式来展现自己所掌握的相关知识，运用他们的口头表达技能。这里特别要强调的一点是，教师须明确作业目标。例如在口语交际课中，作业目标关注的通常是表达的风格和交流的技能，而不是内容是否正确。学生通过创编课本剧等方式，可将自己融入角色中，学会换位思考。这也是学生理解学习内容的重要途径。

五是项目研究。学生需要花费较长的时间才能完成一些比较复杂的研究任务。完成这类任务时，教师可以采取项目研究的方式。项目研究涉及团队的建设与分工、项目的计划与实施、相关资源的整合与配置等一系列问题。项目研究是让学生综合运用所学知识的重要途径。

随着信息技术在学科教学中的广泛运用，数字化作业也逐渐丰富起来。这其中有不少是线下作业的数字化翻版，也有一些创新型作业设计值得关注。比如以动态的资源创设作业情境，通过结构化的作业路径帮助学生开展自适应学习等。数字环境下新的作业类型可以让学生的学习路径变得更加丰富多元，使原本难以设计、难以测量的学习目标实现的可能性大为增加。

对于教师来说，一个单元、一节课的作业类型是需要整体思考设计的，既要兼顾教学目标、作业目标的要求，也要兼顾学生间接经验与直接经验两种学习方式的相互融合，还要符合学习规律以及学生的学习心理，并着力促进大脑神经链接回路的生成和丰富。

强调丰富作业的类型，并非意味着现行的传统类型的作业就要被淘汰。所有教育改革都不是颠覆性的。在探索实践中，我们要注重传统作业类型与新的作业类型的有机结合，使两者保持合适的比例。作业类型本质上只是一种形式，背后蕴含的价值追求、目标定位才是更加重要的。

14 精心设计作业内容

作业内容的设计要有学习经历，强化思维过程和方法，重视学习结果。

要有学习经历

做作业的过程，就是加工和处理信息的过程。大脑对信息的处置过程非常复杂，不过从认知机制的角度，大致可以将它简化为三个关键步骤，即编码、巩固和检索。

编码就是大脑把感知到的东西转化为有意义的心理表征，在大脑中产生记忆痕迹的过程。这个过程通常是在工作记忆中进行的。工作记忆的一个显著特点就是持续的时间短，如果该信息不能重复，大约 20 秒的时间后，产生的记忆痕迹就开始消退了。巩固是把心理表征强化为长期记忆的过程。如果学生能经过头脑的加工将与作业相关的信息从工作记忆转移到长期记忆，那有关作业的信息就会发生关键转变。在经过有意义的编码后，大脑感知到的东西和学生已经存储的其他信息建立起了链接，融入已有的信息体系之中，可以持久地贮存下来。学生在作业中涉及同一知识点的信息越是广泛，越能在长期记忆中建立起有关该知识的"立体结构"，与其他信息之间的关联也就会越多，知识的存储也就越发牢固。检索就是大脑从长期记忆存储的信息中提取所需要的信息，并将它还原成知识的过程。这有点类似于人们想去一个地方前先查看地图，然后确定路线和出行方式等。巩固阶段的工作做得越是扎实，检索的时候就越方便。

要有学习经历，就是要让学生在做作业时经历编码、巩固和检索这些过程。学生不断接受新的信息，不断将工作记忆中加工的信息储存到长期记忆之中，同时又能够从长期记忆中提取相关的信息，帮助自己加深对作业所呈现的问题的理解，获得对所学知识的新认识。

初中生刚开始接触化学知识，并接触一些化学实验，需要正确了解一些基本容器的作用。有这样的作业题：

案例 14.1 化学容器的作用 [①]

广口瓶和细口瓶是实验室常见的盛放药品的容器，其中广口瓶常用于存放————，细口瓶常用于存放————。

教师在分析学生作答的情况时发现，很多学生是凭着自己的记忆来回答问题的，在做题时基本上没有知识理解的过程。换句话说，学生虽然写对了答案，但缺少学习经历，做再多的作业也难以深化对知识的理解，更别说将所学知识纳入学科体系的框架之中。而且该作业题的指向也不是很明确，学生既可以填写存放物质的状态，又可以填写具体的物质名称。

为了丰富学生的学习经历，教师将作业题进行了改编。

物质存放容器的选择常与物质取用方式有关。

（1）厨房中调味品的存放

①观察家庭厨房中盐、酱油、醋等调味品的存储容器。可以发现，容器瓶口较大的一般用于存放————（选填"固体"或"液体"，下同），容器瓶口较小的一般用于存放————。

②以盐为例，说明选择相应存放容器的原因。

_____。

（2）实验室中药品的存放

下图是实验室中常见的两种存储容器，请举例说明两种容器适宜存放的药品。

① 上海市初中化学高质量校本作业体系设计与实施指南编制团队.上海市初中
  化学高质量校本作业体系设计与实施指南（试行）[J].上海课程教学研究，
  2022(2): 108-109.

	存储容器		
存储容器		广口瓶	细口瓶
存放药品	药品状态		
	药品举例（2—3例）		

学生要完成这项作业，必然要和现实生活建立联系。这些具体的图片和示例，可以帮助学生从多个角度感知容器的特点。这个作业过程既体现了知识的形成过程，也带给学生良好的学习体验。学生通过反复地编码、巩固和检索，建立起来对容器的特点和作用的认知，这是改编之前的作业题无法实现的。

要强化思维过程和方法

一位名人曾说过，教育就是把在学校里学到的所有知识全部忘光了之后留下来的东西。什么最容易忘记？自然是学科的具体内容以及做过的作业了。教育的核心价值并不在于学科本身传递的各种具体知识，而在于心理技能的提升，即获得更好的思维能力。那些零碎离散的知识点很容易被忘记，但学习知识过程中形成的思维方法，会成为一个人一生的财富。我们不能"捡了芝麻，丢了西瓜"，训练和提升学生的思维能力，是教育的核心任务，自然也是作业设计需要关注的重点。

思维能力的提升是一个循序渐进的过程，遵循着从简单到复杂、从低级到高级、从局部到整体、从形成基本模式到灵活运用等原则。教师将作业设置于学生的"最近发展区"中，是促进思维能力提升的关键。在"最近发展区"中，学生的思维能力属于"今日萌芽，明日成熟"的状态，具有不稳定性，做作业时会遇到各种思维的障碍和瓶颈。因此教师在设计作业内容时，要尽可能多地给学生提供脚手架，提供标准，让学生在遇到困难的时候能找到帮手，能够对照标准评估自己的作业是否达到了预期的目的。

下面是上海市六年级英语写作作业的示例。

案例 14.2 英语写作 [①]

6AU4 Read and write: What would you like to be?

课时作业：

Interview your parent and write down the information in the table below, and then write 6 to 8 sentences to introduce him or her.

Name:			
Age:			
Job:			
Likes his/her job?			
Why/Why not:			
Starts work at:			
Finishes work at:			
What to do after work...			

---

① 上海市初中英语高质量校本作业体系设计与实施指南编制团队.上海市初中英语高质量校本作业体系设计与实施指南（试行）[J].上海课程教学研究，2022(2): 84.

Self-assessment	
Did I cover all the information in the table?	☐ Yes
Did I use complete sentences?	☐ Yes
Did I write at least 6 sentences?	☐ Yes
Did I use the proper tense?	☐ Yes

《中国英语能力等级量表》（China's Standards of English Language Ability，简称 CSE）正式颁布后，上海市教育考试院及时开展了上海高考英语与 CSE 的对标研究。结果表明，上海考生的英语水平并不如预期的那么突出，他们在听力和阅读两个维度上表现出了较高的水平，但在口语及写作这两个维度上则相对较弱。特别是在写作这一维度上，有 50% 左右的高中毕业生仅达到 CSE 2 水平，而初中毕业生应该达到的能力水平是 CSE 3。这或许与我们平时给学生的写作训练要求过于笼统、缺少思维支架、评价标准不明晰等有直接关系。

上述写作作业案例是给六年级在英语写作方面才刚刚起步的学生设计的。教师给学生提供了一系列思维支架：在作业要求上，明确采访的对象是自己的父母；在采访内容上，通过表格提示学生应该收集哪些方面的信息，既能让学生在采访中主题聚焦，又方便学生采访后的文本语言组织。另外，学生的自我评价表为学生提供了写作作业具体的评价标准，能帮助学生提高写作的针对性。

要重视学习结果

要让作业有好的效果，需要关注的点比较多。除了上面提到要给学生创设学习经历，要促进学生思维的形成和发展，提升学生的思维能力之外，以下几个方面也是在作业内容设计中需要关注的。

一是注重与作业目标相呼应。一些教师在给学生布置作业时比较随意，常常跟着感觉走，很少去思考作业与目标之间的内在一致性，导致课堂上教师强调的，作业中较少体现，学生反复训练的，又非教学重点。作业内容与作业目标、课程目标脱节，带来的必然结果是学习效率低下。解决这一问题的策略，是在作业内容设计中采取逆向思维，首先确定作业目标，然后依据目标来寻找是否有适配的作业题。如果没有的话教师还要对相关的作业进行改造，让它符合作业目标，让作业内容呼应教学。

二是作业内容不能有科学性错误。特别是学生在学习新知识的过程中，"第一印象"至关重要。一个科学性的错误如果通过作业训练在学生脑海中产生深刻的记忆痕迹，并贮存在了长时记忆之中，要想将它清除并用正确的概念来替换是非常困难的。

三是教师设计的作业内容要符合学生的认知水平和心理特征。很多知识的学习都是一个螺旋式递升的过程。学生先对事物有一个初步的印象，在学习了一些科学知识之后再回头对该事物做一些简单的研究。随着学生自己知识积累的不断丰富以及思维能力的不断提升，他对该事物的研究和认识也会提升到一个新的层面。作业与学生的认知水平合拍，才能让学生学有所获。

四是作业内容要体现课堂教学的核心概念。教师在设计上要增加趣味性，让学生乐在其中。江苏第二师范学院附属小学的刘春生老师在《让学生爱上作业：小学作业布置、查收和批改的技巧》一书中，列举了很多自己设计的作业。比如名句的背诵，是很多语文老师都比较关注的，也是考试中常会出现的。通常情况下，老师会给学生编印一组名句或者名篇，要求学生强化记忆。这样的作业常常不受学生欢迎，还经常出现当时会背，过一段时间就忘记的现象。刘春生老师是这样设计作业内容的。

名句寻根："客舍青青柳色新"

（1）这句话出自_____的《_____》。（可以摘抄）

（2）这句话的意思大致是_____

（3）读到这句话，我想到了_____

（4）王维在给友人饯行，"劝君更尽一杯酒"，他们会说些什么呢？

王维：

_____

朋友：

_____

王维：

_____

朋友：

_____

…………

　　这一作业设计让学生在理解的基础上加深记忆，在有趣好玩中练习，学生既学到了经典，又拓宽了视野。

　　教师备课的一项重要内容便是根据教学内容和学生的实际情况来设计作业内容。从教学环节的角度看，作业为教学评价提供数据。如果作业和教学目标、教学内容不一致，教师就无法对自己的日常教学情况进行有效的评价，改进教学和提高效益就会变成一句空话。

15 合理设置作业难度

如果一道作业题大部分学生都能做对，那么这道作业题的难度小；如果只有少数人能够做对，那么这道作业题的难度大。影响作业难度的因素有很多，比如作业所涉及知识的难易程度，学生关于该知识的已有经验，作业设计和编制的技术等。

知识的难易程度

我们都知道，自然界物体的运动状态从大的方面看可以分为平动、转动两大类型。因为平动的物体各处的运动状态完全一致，所以物理学常将它简化为"质点"来研究。因为转动的物体各处的运动状态不相同，所以物理学常将它简化为一根"杠杆"来研究。如果我们思考一下自己对杠杆的学习和理解过程，就会发现阶段性的特征非常明显。

幼儿园和小学低年级，通过玩跷跷板等游戏来直接体验杠杆原理；
小学高年级，通过画图或简单的算术理解杠杆原理；
初中阶段，利用实验和简单的公式讨论杠杆原理；
高中阶段，运用代数方程证明杠杆原理，并用它来解决一些实际问题；
大学阶段，通过微分方程对杠杆原理做更加深入的研究……

各学科的知识，大都具有上述特点。我们依据学生的认知水平和理解能力，在不同的学段创设不同的问题情境，让学生对所研究的问题有一定了解。我们在各学段之间采取螺旋式上升的课程设计策略，在学习内容、作业设计等方面做出精心的安排，让学生逐渐从现有发展水平向潜在发展水平迈进，逐渐抬高学生的"最近发展区"，实现知识视野的扩展和理解能力的提升。这其中，正确理解和认识学生的认知水平、理解能力很重要。如果给初中生布置高中生、大学生才能处理的杠杆问题，那必然会超出他们的潜在发展水平，属于难度极大的作业。学生做不出来也在情理之中。

教师在教学中随意拔高作业要求，给学生选择和布置知识难度很高的作业，在当下的教育场景中经常发生。新知识的学习才刚刚起步，中学生对新知识点才有一点粗浅的认识，教师就将中考、高考中一些综合性很强的试题作为作业布置给学生，美其名曰让学生提前练兵。殊不知，完成作业所需要的知识已经在学生的"最近发展区"之外，学生即便是比葫芦画瓢将答案写了出来，也未必理解其中蕴含的思维方法。

从知识本身的学习来看，难度适中的作业有一个典型的标志，就是作业所涉及的知识内容、思维能力要求落在学生的"最近发展区"之内。既让学生有跳一跳能摘到桃子的动机和行动，又让学生在付出了一定的努力之后有柳暗花明、豁然开朗之感。上面介绍的不同学段对"杠杆"问题的呈现以及学习要求，就是基于学生在不同学段的认知水平和理解能力，通过课程系统化的设计，让学生都能在已有知识的基础上逐渐加深对"杠杆"知识的理解，既保持知识适当的难度水平，又将学生的"最近发展区"逐渐抬升。

从何时开始引入一个知识点，经过哪些课程内容的学习可以让学生达到理解的程度，在课程的其他领域有怎样的应用，最终将实现什么样的学习目标……教师需要学会从课程的视角看待这些问题，这对于教师来说非常重要。教师需要知悉在课程推进的不同阶段，应该将知识呈现到什么程度，如此在设计作业的时候，才能够把控好难度，稳扎稳打地向课程标准规定的目标靠近，避免随意拔高知识难度。

学生的已有经验

学生的已有经验，对作业难度也会产生很大影响。我们先看一下下面这个案例。

案例 15.1　1993 年全国高考物理试卷第 22 题

有一游标卡尺，主尺的最小分度是 1 毫米，游标上有 20 个小的等分刻度。用它测量一工件的长度，如图 15.1 所示，图示的读数是_____毫米。

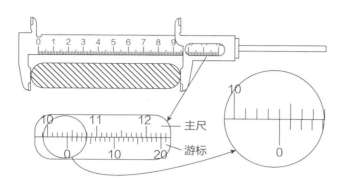

图 15.1　游标卡尺读数

测量工具的正确使用是学习的基本要求。命题者选择游标卡尺这一精密测量工具来命制试题，仅仅要求学生依据示意图读出工件长度的精确数值，从知识本身来说难度是不高的。命题者没想在这里难为考生。但最后的结果却出人意料，这道题的得分率很低，难度系数为 0.11，出乎命题者的意料之外。

为什么会出现这样的状况呢？一个很重要的原因是，在整个高中阶段的学科学习期间，游标卡尺的使用频率不是很高。很多教师在组织学生复习时也不会将游标卡尺的使用作为重点复习内容，所以很多学生早已经将最初学习的读数规则忘记了。

考试如此，学生在平时的作业中也经常会出现这样的情况。即便作业所涉及的知识本身并不复杂，与其他知识之间的关联也不是很多，但如果学生的已有知识经验储备不足，遇到这类作业问题时也会茫然无措、举棋不定。

学生的已有知识经验对作业难度的影响主要体现在三个方面。一是学生是否具备解决问题所需的基础知识以及策略性知识。二是学生的已有知识是否会产生干扰作用，妨碍对当前问题的解决。学生对某些知识的第一印象非常深刻，遇到相似的问题时这些已有经验会先入为主，影响学生的思考和判断；或者学生没有将一组知识的关系梳理清晰，在需要就其中的一个知识展开分析和讨论时，会将对其他知识的认识和理解作为背景信息，把问题复杂化。三是作业本身涉及的环节较多、过程比较复杂，其中往往还隐含着一些关键的节点。学生在分析的过程中稍不留神就会错过。要将变化的过程梳理清晰本身就不容易，每一个阶段往往还遵循不同的变化规律，需要依据各阶段的变化特征选择恰当的概念或原理来分析，还要找寻不同阶段之间的衔接关系，这都增加了解决问题的难度。

案例 15.2　抓举运动分析

图 15.2 是一位抓举运动员将杠铃举起过程中三个状态的示意图。就"抓举"而言，其技术动作可分为预备、提杠铃、发力、下蹲支撑、起立、放下杠铃六个步骤。如果要分析杠铃的受力和运动情况，就需要处理好以下几方面的事项。一是对杠铃进行模型化处理。因为在运动员抓举的过程中杠铃属于平动，各部分的运动状况都是相同的，所以可以将它简化为质点。二是对杠铃做什么样的运动进行分析。在运动员发力的瞬间，杠铃是没有运动的，速度为零；到了支撑的状态，杠铃的速度又回到了零。到运动员起立站稳的时候，杠铃的速度再次变为零。这就意味着在发力到支撑阶段以及支撑到起立阶段，杠铃的运动都是先加速后减速，运动过程都是比较复杂的。三是如何分析杠铃的运动。高中阶段能够对运动做定量分析是有前提的，即将运动看作在恒力作用下的匀变速运动。显然，要做定量分析，就需要将杠铃从发力到支撑阶段的运动简化为先是初速为零的匀加

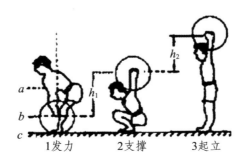

图 15.2　抓举运动分析示意图

速直线运动，然后是减速到零的匀减速直线运动，两个匀变速运动首尾相接，前一个运动的末速度就是后一个运动的初速度。从支撑到站立阶段又将重复这样的运动过程。四是依据运动的特点将杠铃的运动过程进一步细化为四个不同的运动阶段。每一个运动阶段都是一个简单的匀变速直线运动问题，可以通过运动学的基本公式加以处理。得到每一阶段的加速度之后，我们可以利用牛顿第二定律进一步分析杠铃受力的基本特点。

很多与生活经验相结合的问题综合性强，需要学生调动各方面的已有经验来加以分析研判，难度往往比较大。对于这样的问题，教师在进行作业设计时，需要循序渐进，从简单的问题组合开始，引导学生一步步熟悉复杂问题的处置思路和策略。教师还可以给学生提供一些脚手架，引导学生抓住关键节点，对事物发展变化的趋势做出细致的分析，搞清楚变化的特点，再从已有经验中找寻对应的规律，把复杂的问题简化成一个个熟悉情境的组合来处理。

作业设计和编制的技术

有时，学生理解所要学习的知识点，已有足够的经验储备，但还是不能够很好地完成作业任务。教师布置的作业似乎很难，让学生无从下手。这可能与教师的文字表述不够精准、作业要求不够具体等有关。

上一讲中的英语写作案例 14.2，是研究团队对一道作业题进行加工和改造之后的形式。这道写作作业最初的样貌如下。

Write at least 60 words to introduce a person you know.

研究团队发现，这一作业存在几方面问题。一是写作要求偏高，让六年级的学生写出 60 个单词，难度偏大。二是写作的指向不清晰。介绍谁？介绍什么内容？用什么样的语言介绍？如何获取相关的信息？教师没有针对这些问题给予学生具体的指导，学生做作业必然一头雾水。三是评价标准不具体，除了有一个单词数量的要求之外，缺少其他方面的具体指标。

学生做完作业后不知道自己是否达到了预期的标准，没有办法自评，心中没底。这些问题都会增加作业的难度。

我们再来看一个案例。

案例 15.3　小学三年级数学作业

用 3、2、9、0 这四个数字组成一个最接近 3000 的四位数，每个数字只能用一次，这个四位数是（　　　）。

A. 2930　　　　　　B. 2903　　　　　　C. 3029　　　　　　D. 3092

学生作答的情况如下：选 A，45.5%；选 C，48.5%；选 D，6.0%。

案例中的问题看起来并不难，为什么会有很多学生选错呢？教师对此进行了分析，发现有两个原因：一是学生对"最接近 3000"这个概念理解不准确，由于平时计数的习惯都是从小到大，所以学生在选择接近 3000 的数字时，也从小于 3000 的数字中寻找；二是这四组数之间的差距不是很大，造成了学生比较难度。为此，教师将该作业进行了改造。

用 3、2、8、0 这四个数字组成一个最接近 3000 的四位数，每个数字只能用一次，这个四位数是（　　　）。

A. 2803　　　　　　B. 2830　　　　　　C. 3028　　　　　　D. 3082

修改后让学生作答，结果有 76.9% 的学生选 C。教师分析了学生的学习心理，调整了作业设计和编制的策略，在其他条件没有发生改变的情况下，作业的难度明显降低了。

难度过低的作业带来的必然是机械重复的操练，不仅不利于学生高阶思维的培养，还可能会影响学生的作业成就感，最终让学生觉得作业枯燥乏味。难度过高的作业则会给学生带来焦虑感、挫败感，甚至严重打击学生的自信心，让他们失去继续学习的动力和勇气。

合理布局作业难度，对学生顺利完成作业任务有着重要的影响。精准的学情分析是保证作业难度适宜的重要手段，也是开展差异化教学、个别化作业和个性化辅导的前提。

16 作业结构要合理

结构指的是事物自身各种要素之间相互关联和相互作用的方式，包括构成事物要素的数量比例、排列次序、结合方式和因发展而引起的变化等。我们一般不讨论单独一道作业题的结构问题，这里的作业结构指的是课时作业、单元作业等一组作业题的内部结构。

需要关注的几类结构

上海市教育委员会教学研究室副主任王月芬在《重构作业：课程视域下的单元作业》一书中，提醒教师在进行作业设计时，要关注作业三种类型的结构，即内向结构、纵向结构和横向结构。

内向结构指的是单元作业、课时作业之间的内在结构。一个单元很可能有2—3周甚至更久的教学时长，学生要通过若干课时不断进阶的学习，来达成课程教学的预期目标。在单元作业目标确定之后，教师需要进一步思考以下问题：针对某一个作业目标，教师在每一课时都要设计相应的作业来加以巩固，还是在特定的课时布置相关的作业，这是空间布局上的结构安排；针对这一目标，总的作业量是多少，在相关课时中如何分布，这是数量和作业时间层面的结构安排；针对这一目标，在不同课时中，是保持作业难度一致，主要通过间隔重复的方式强化记忆和神经元之间的链接，还是难度有所变化，不断增加所学知识与学生已有经验之间的联系，不断深化对知识本身的认识，这是作业难度层面的结构安排；针对这一目标，作业的类型是保持不变，还是根据教学进度的实际，不断调整作业类型，促进学生从不同的视角来分析和理解知识，这是作业类型层面的结构安排……

单元作业或课时作业是由一组作业组成的。这些作业之间同样也存在着各种类型的结构。比如不同作业之间容易的、中等难度的、较高难度的题目比例要适当，要有相对稳定的结构要求。作业总的数量、作业类型、不同的作业目标对应的作业内容编排等，都体现着作业的内向结构。

纵向结构指的是同一教学内容在不同课时之间的作业具有的结构。又可以细分为几种情况：根据教学计划，持续用多个课时学习某一核心知识，不同课时的作业设计就要有难度梯度和结构性的安排；要求学生综合运用多个核心知识来解决实际问题的作业，与单独学习核心知识的作业之间要有纵向的结构安排；针对某一知识的学习，在新授课、阶段复习、总复习等不同的学习时空，作业的设计在综合性、难度、思维能力等方面都应该有所区别，要有结构性的安排。

不等式是数学基础理论的重要组成部分，也是刻画日常生活、现实世界不等关系的数学模型，是研究数量关系的必备知识，在高中数学中占据着举足轻重的位置。下面我们来看一个案例。

案例 16.1 解不等式

"五一"小长假之后的一天，我进入高三的一间教室，听数学老师上高考前最后的复习课。课前，教师给学生布置了这样一道作业题：解不等式 $t^{-1} < t^{-2}$。

或许是因为我在听课的缘故，教师请学生分析这道题的解题思路。学生甲说："先换元，用 x 替代 t^{-1}，解关于 x 的不等式，然后再转换到原式进行讨论。"教师觉得和自己的想法不一致，又找了学生乙。学生乙说："分 $t < 0$、$t \neq 0$、$t > 0$ 三种情况分别进行讨论，然后将讨论的结果进行合并。"教师再找学生丙，学生丙站起来支吾了半天，东拉西扯，最后也没有说清楚解题的具体思路是什么……

教师看在这道作业题上花费的时间已经够多了，就对学生说："这道题其实还有更简捷的方法，先移项后通分，分子分母分别考虑，一下子就可以解决问题。"

教师布置的这一作业并非不等式中很难的问题。那为什么临近高考的学生却找不到求解的"最简捷的方法"呢？原因是多方面的，其中一个不可忽视的原因，是教师针对知识的学习、作业的安排缺乏纵向结构设计。从新知识的学习，到后续所学知识的灵活运用，再到高考前的复习，如果该知识在整个高中学段的不同时间节点多次出现，那就需要明确知识每一次再现，重点要解决的问题是什么，与之匹配的作业该如何设计。就拿该不等式的求解来说，新授课应该让学生充分表达观点，讨论求解不等式的各种方法，并从中找到最佳解法；在课后的作业设计中，也要有意识地引导学生练习采用最佳解法求解同类问题；在高三的单元复习教学中，要让学生通过作业进一步强化此类问题的最佳解题思路，不再被其他解题思路干扰；到了总复习课环节，学生一遇到此类作业，就能自然地想到此类问题的最佳解法。

横向结构指的是不同学科在同一时段布置的作业之间的结构。2021年4月，教育部办公厅发布《关于加强义务教育学校作业管理的通知》，明确提出："严控书面作业总量。学校要确保小学一二年级不布置书面家庭作业，可在校内安排适当巩固练习；小学其他年级每天书面作业完成时间平均不超过60分钟；初中每天书面作业完成时间平均不超过90分钟。周末、寒暑假、法定节假日也要控制书面作业时间总量。"各学科之间要互相沟通，加强协作，对各学科制订的作业计划进行通盘考虑，合理安排。首先是在作业的量上进行具有结构性的统筹安排。其次是在作业类型上要有所兼顾。有的学科可能仅布置了一道作业题，看上去量不大，但因为是实践类型的，需要学生经历动手操作等过程，必须要留有足够的时间，其他学科就可以布置别的类型的作业，同时适当减少作业量。再次是作业要符合大脑的工作模式。教师可依据专注模式和发散模式的特点，有针对性地设计不同学科之间的作业结构，提升作业的有效性。

题组也要有结构

金刚石和石墨都是由碳原子直接构成的单质。由于碳原子的排列方式不同，导致了它们性质上的巨大差异。这是结构决定性质的一个很典型的事例。作业也是如此，无论是课时作业还是单元作业，是否具有结构，有怎样的结构，决定着作业的效益是否能够发挥，以及能发挥到怎样的程度。

在上面的讨论中，我重点介绍了课时作业、单元作业整体的结构。课时作业有时要涉及多个作业目标。每一个作业目标往往会对应一个题组。题组之间也应该依据作业目标和学习内容的实际，建构起相应的结构，以提升学生的思维能力。

题组和一般性作业的区别，就在于它是基于某一作业目标而设计的、相互之间具有内在联系的一组作业。这种联系可以是知识层面的，可以是方法层面的，当然也可能多方面都有联系。题组的结构有多种：有的是问题的描述、问题的情境、问题的呈现方式不同，但解决问题的思路和策略相同的一组问题，让学生学会透过现象看本质；有的是情境相同或类似，但解决问题的思路和策略却不相同的一组问题，培养学生去芜存菁、区分易混淆的知识和概念的能力；有的是将若干具有内在的联系、在解决问题的思维层次上存在递进关系的作业编成一组，学生在完成这一系列问题的过程中，可以看到知识之间的内在联系以及在解决问题过程中的方法变化，形成一种更高层次的思维方法，以达到对问题本质的了解、问题规律的掌握、知识技能的巩固、思维的拓展与迁移等目的；有的依据"比较"是一切理解与思维的基础的理念，把相似、相近的实际问题组建成题组，让学生通过练习找出它们之间的差异，从而加深对所学知识的理解；等等。

以下这一题组由浅入深、由表及里，步步紧逼，层层深入，有利于扩展学生原有的认知结构，加强这部分知识的同化，形成知识网络。

案例 16.2　阶梯式题组

完成下列各题，并总结能得出什么启示。

① 2.8 g CO 在氧气中完全燃烧，将其产物跟足量的 Na_2O_2 固体完全反应，能使 Na_2O_2 粉末增重多少克？这个质量与 CO 质量数值有什么关系？

② 2 g H_2 在氧气中完全燃烧，将其产物跟足量的 Na_2O_2 固体完全反应，能使 Na_2O_2 粉末增重多少克？这个质量与 H_2 质量数值有什么关系？

③ 取 a g 某物质在氧气中完全燃烧，将其产物跟足量的 Na_2O_2 固体完全反应，反应后固体的质量恰好也增加了 a g。下列物质中不能满足上述结

果的是（   ）

    A. H_2 B. CO   C. $C_6H_{12}O_6$ D. $C_{12}H_{22}O_{11}$

以下是一个比较型题组。

案例 16.3　比较型题组

（1）一块花布长 25 米，做 1 套衣服用 3 米，最多能做几套衣服？

（2）把 25 枝花插在花瓶里，每个花瓶插 3 枝，至少需要几个花瓶？

    两道作业题所需要的算式是一模一样的，但最终的结论却不相同。学生通过思考"为什么两道题都是用 $25 \div 3 = 8 \cdots\cdots 1$ 列式计算，第（1）题的答案是 8，第（2）题的答案是 9 呢？"这样的问题，搞清楚问题的差异，能克服选择方法的盲目性，培养思维灵活性，提升解决问题的能力。

    具有结构性的题组，就好像是为学生搭建的成长阶梯，学生在拾级而上的过程中，不断建构知识的体系，学会将所学知识和方法迁移到新的情境之中，在更广泛的层面理解和运用知识。其内在的关系和结构可以用图 16.1 简要表示。

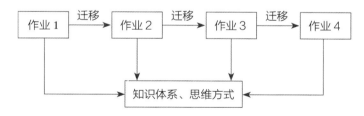

图 16.1　知识体系、思维方式和作业的关系

    无论是单元作业、课时作业的结构设计，还是题组的结构设计，都要遵循以下基本原则：要少而精，既能实现学习的预期目标，又能切实减轻学生过重的学业负担；要有针对性，要聚焦核心概念的深化理解，不能胡子眉毛一把抓；要有趣味性，作业不能千篇一律，要让学生心情愉快地投入到作业实践中来。

17 要有可选择性

当下的作业存在一个很大的问题，就是"大一统"，即所有的学生都做相同数量、内容、难度的作业。已经掌握了学习内容的学生，还要浪费很多时间在不能体现价值的作业上；而那些有一定学习困难的学生，常常为了完成这些作业而内心崩溃。很多学校都把促进学生个性而又全面发展作为办学理念，但在具体的教育实践中，如何保证学生的学习权，如何给学生创设可选择的机会，如何促进学生真正个性化发展，教师所能想到的办法并不是很多。其实，作业设计就是落实理念很好的路径和举措。

学生的学习权

"学习权"（right to learn）这个概念的正式提出是在 1985 年。联合国教科文组织在法国巴黎召开的第四次国际成人教育会议上通过的《学习权利宣言》指出："学习权是阅读与写作的权利，是提出问题与思考问题的权利，是想象和创造的权利，是认识人类世界和编写历史的权利，是获得教育资源的权利，是发展个人和集体技能的权利。"[①]

"学习权"包含如下几层含义：一是自主选择的权利，即在不受妨碍的情况下选择学习的时间、地点、方式、内容的权利；二是接受教育的权利，即在他人的帮助下，运用各种途径和方式使用教育资源进行学习的权利；三是终身学习的权利，即在人生的各个阶段都享有学习的权利。学习权的核心是自主选择，强调学生可以根据自己的天性和需要，自主选择教育的

---

① 沈太霞，汪超. 论学习权作为一项基本人权 [J]. 人权，2022(4): 70.

内容和方式。近些年来，学生的学习权逐渐被关注。在教育实践中，也出现了一些有效的探索，比如高考综合改革方案提出的"选科走班"制，把科目选择的权利交给学生，就是其中典型的事例。

像高考这样高利害的考试，命题者也努力给学生提供可选择的空间。就拿普通高等学校招生全国统一考试语文北京卷来说，近些年来，在微写作和作文的考查上，始终坚持给学生选择的权利，做出了有益的实践和探索。以下是 2022 年北京高考作文题。

案例 17.1　2022 年北京高考作文题

1. 微写作：

从下面三个题目中任选一题，按要求作答。不超过 150 字。

（1）校学生会成立新社团"悦读会"，要拟一则招新启事。请你围绕"阅读带来审美愉悦"这一宗旨，为启事写一段话。

要求：语言简练，有吸引力。

（2）核酸检测排队时需要两米安全距离，一些社区为两米间隔线设置了安全贴心、形式多样的标志，有的是撑起的晴雨伞，有的是贴在地上的古诗词图片。请你选择一个检测点，依据其环境特点，设计两米间隔线标志，并写出设计理由。

要求：语言简明，条理清晰。

（3）请以"像一道闪电"为题目，写一段抒情文字或一首小诗。

要求：感情真挚，语言生动，有感染力。

2. 作文：

从下面两个题目中任选一题，按要求作答。不少于 700 字。将题目写在答题卡上。

（1）古人说，"学不可以已"，重视学习是中华民族的优良传统。在当代中国，人们对学习的理解与古人有相同之处，也有不一样的地方。

请以"学习今说"为题目，写一篇议论文。可以从学习的目的、价值、内容、方法、途径、评价标准等方面，任选角度谈你的思考。

要求：论点明确，论据充实，论证合理；语言流畅，书写清晰。

（2）网络时代、疫情期间，很多活动转向"线上"，你一定有不少关于"在线"的经历、见闻和感受。

请以"在线"为题目，写一篇记叙文。

要求：思想健康；内容合理、充实，有细节描写；语言流畅，书写清晰。

与做作业相比，学生在考试中会更紧张，遇到自己不太会做的试题会更焦虑。把选择的权利交给学生，让他们从自己感觉把握较大的选项入手，既是对学生的人文关怀，也可以更好地考查出学生的真实水平。

高考命题者都能努力保证学生自主选择的权利，平时的作业更应当如此。学生的作业主要有三个来源：学校作业，即学校或教师为学生布置的作业；家长作业，即家长给孩子布置的作业；自主作业，即学生自己选择的作业。王月芬和张新宇的《透析作业：基于 30000 份数据的研究》一书所呈现的作业类型与学业成绩之间的相关性分析研究表明，无论是小学生还是初中生，完成自主作业对学业成绩的影响均表现为正向促进作用，并且是三类作业中正向促进作用最明显的。也就是说，学生完成自主作业的时间越长，越有助于提高学业成绩。这一研究告诉我们，教师在设计作业时如果能够尊重学生的个性，把学生的学习权还给学生，多给学生设计一些可以自主选择的作业，他们就有可能在学习上表现得更加出色。

差异化作业设计

在上述作业来源中，学校作业通常是教师设计并布置给学生的。教师在设计作业时，会关注到这些作业与课程目标、教学目标之间的衔接，关注学生学习的前概念以及学习过程中遇到的困难等，相对来说学校作业的针对性更强。那么，为什么学校作业对学生学业成绩的影响不及自主作业呢？主要的问题就在于学校作业缺少个性化的设计，过于强调同一性。

要让作业实现个性化，教师在设计作业时就要考虑差异化。差异化设计的关键在于区分和回应不同学生的不同需求，为他们量身定做相应的作业。要做到这一点，教师需要在以下三个方面做出努力。

第一，教师要对学生的能力和需求进行识别，知晓他们当下的学习状况，以此作为作业布置的起点。有的学生对某一学科的学习要求是达到课程标准的底线要求，完成学科学习后能够顺利结业即可，有的学生则希望在该学科领域深潜下去，为今后的职业发展夯实根基。学生有不同的需求，教师给他们设计的作业也要不同。有的学生在语文学科的阅读理解板块有些薄弱，有的则是写作方面不得要领，教师在给这些学生设计作业时，就要关注到他们之间的差异，做出有针对性的安排。

第二，教师要对作业进行结构化的设计，要考虑作业内容、难度、类型等因素，以满足学生的个性化需求。一节课的作业通常是由若干道作业题组合而成的，这些作业题之间存在着一种结构。教师可以在保持作业结构相对稳定的前提下，针对学生个体的学习实际，对每个学生的具体作业结构进行微调。对于那些有良好学习习惯、知识掌握程度也很好的学生，教师可酌情减少作业的数量；对那些学习有困难的学生，教师可通过调整作业类型和难度，让他们能品尝到成功的喜悦；对那些在某一领域存在薄弱环节的学生，教师可通过调整作业的内容、类型等，让学生能够有更多的时间聚焦薄弱环节，寻找破解难题的路径和方法。

第三，教师要推动每一个学生不断向前，让他们在完成作业的过程中不断挑战自己，有新的进步。差异化的作业设计，不是简单地按照作业的难易程度对作业进行分类，然后让学困生做基础题，让学习成绩优异的学生去挑战难题，其他学生去做中档题。这样做无异于人为地给学生贴上标签，将学生分成三六九等。教师应该相信每一个学生都可以成功，都具备挑战的能力和水平。给学生设计差异化作业的目的，是为了落实因材施教的教育原则，让具有不同学习特质的学生既能够立足于自身的学习实际，找准学习的起点，又能够找到适合自己的进阶之路，在不断挑战自我的过程中获得更好的成长。

差异化的作业经常以两种形式出现。一种是让不同的学生做不同的作业。这是任务的差异化，凸显了"选择"这一要素。为了让学生的选择符合他当下的学习状况，教师需要就作业的标准和要求、学生在学习上的优点或存在的障碍等情况和学生做较为细致的沟通，让学生明白教师设计的每一道作业题的目标和意义，知道这些作业题对自己意味着什么。只有做到了这些，学生才能正确做出选择。另一种是让不同的学生完成相同的作业任务，但他们的回答情况会产生不同的质量结果，这是结果的差异化，反映出学生对相关知识理解上的差异，也体现出学生在解决问题过程中的方法选择和思维特点。布置这种类型的作业时，教师需要提前设计好评价量表，以便能够根据学生的回答情况，判断他处于怎样的学习水平，为后续个性化学习任务的设计提供基础。

加强选择指导

将选择的权利交给学生，很容易出现这样的情况：相当多的学生会选择难度系数、作业量相对较小的作业。这样做最大的好处就是负担不重，而且容易做对，既可以给教师留下好的印象，又可以避免作业订正等后续麻烦。针对学生在作业选择时的这种心理倾向，教师要有应对的举措，帮助学生敢于挑战新的作业情境，在完成作业的过程中实现自身发展。具体来看，要在以下几个方面给学生提供具体的指导和建议。

一是教师布置的每一项作业的具体要求要明确，要有利于学生做选择；二是教师须将每一项作业任务预计完成的时间告知学生，让学生在选择时可以参考；三是教师须告知学生这一组作业中必须要完成的作业数量和类型，避免学生避重就轻；四是教师须对以怎样的形式来完成作业、作业的结果需要具备的一些要素做出规定；五是教师须对其中综合性、开放性的作业给出评价标准，让学生知道在完成作业的过程中需要关注哪些方面的事项；六是教师须鼓励学生去完成一些额外的扩展性学习任务；七是教师须给有困难的学生提供脚手架，包括其他人解决此类问题的范例，回答这类问题所需要的基本框架，可以寻求的外界资源如教师、同伴的支持，相关学习资源的查询方式等。

脚手架可以帮助学生了解自己在做什么，以及为什么要做这些，对完成作业有困难的学生来说是很重要的辅助工具。教师要让学生明白，脚手架是帮助他们顺利完成作业的辅助手段，它最终会被拿走，学习应该独立发生。教师在布置作业的时候，要重视向学生解释作业目标、作业背后的基本原理和预期的学习结果以及完成作业的必要条件。这其实也是一种脚手架，可以帮助学生理顺作业的各种关系，高质量地完成作业。

18 注重与课程目标、教学的协同

在备课、上课、作业、辅导、评价等教学基本环节中，作业是承上启下的一个重要环节，是教学的有机组成部分。我们不能简单地把作业看作是上课之后为巩固所学而进行的教学补救措施，认为作业与上课之间存在着简单的从属关系。作为教学的一个基本环节，作业与课堂教学之间既有内容重叠、目标和要求一致的地方，也有自身的独特价值。它们各自发挥时空的优势，在学习目标、内容和实施形式上相辅相成，优势互补，共同保障课程目标的实现。

作业和课堂教学的协同，主要体现在以下几个方面。

作业呼应课堂教学

学生在课堂上所学的知识，有不少属于学科的主干知识。这些知识直接影响学生对后续知识的学习和掌握，在构建学科知识体系方面也发挥着重要的作用。学习这一类知识时，我们需要采取间隔学习法。通过不断地重现和强化，学生可以加深对知识的理解。在这种情况下，教学目标和作业目标、教学内容和作业内容往往具有高度的一致性。作业的主要目的就是巩固知识，促进思维的形成。

设计与课堂学习内容一致的作业，要注意以下几点。

一是要把握课堂教学实际。教师要依据学生对所学内容的实际把握情况来设计作业。可以对作业做一些预设计，但教师在上完课之后还需要根据课堂教学实际，进一步确认预设计的作业是否合理，要依据学生课堂学习的状况，合理调整作业的目的、内容和难度等，以便让作业和教学要求相一致，学生可以通过作业更好地理解课堂上所学的内容。

二是善于运用"间隔学习法"设计作业。教师要根据学科知识的特点和学生对知识的理解状况，有计划、有规律地给学生设计相关的作业，间隔性地布置给学生。学习内容不同，在作业中重现的次数和时间间隔也有所不同。教师要在实践中不断摸索和总结。

三是要让学生的思维有序。苏霍姆林斯基在《给教师的建议》一书中指出，一个人到学校上学，不仅是为了获得知识，更主要的还是为了变得更聪明。因此，他的主要努力就不应当用在记忆上，而应当用在思考上。作业在促进学生思考、培养思维的有序性方面有着独特的作用。比如有个老师给学生布置了这样一道作业题："一个'木'和一个'口'，可以组成哪些字?"有的学生写出了"杏"，有的学生写出了"呆"……如果仅限于此，这个作业就仅停留在对已有知识的回忆和对记忆的考查上。如果教师能够引导学生从汉字的间架结构出发，依据汉字组字的方式（上、下、左、右、内、外）先把各种组合的字"造"出来，然后再看这个汉字在现实生活中是否存在，这个作业就变成了一种有序的思维训练，而且学生可以举一反三。

四是促进自主学习行为的产生。无论是孩子还是成人都很喜欢玩游戏，那种在游戏中获得的快乐，是在现实生活中很难体验到的。相比较而言，学生大都理解作业的价值，但让他们乐在其中总是非常困难。原因有很多，作业缺乏设计是其中一个重要的原因。要让做作业成为学生的自觉行为，教师应该聚焦于作业的设计与编制，对习以为常的作业呈现方式加以改进，让作业成为学生学习的乐趣之源。

案例 18.1 平方根 [①]

因为 4−1=3，3−3=0，进行了 2 次减法运算，所以 4 的平方根等于 2。

[①] 所有完全平方数都能够分解为从 1 开始的连续奇数之和，这个关系可用数学归纳法证明。比如：4 的平方根为 1+3，共两项，$n=2$，所以 4 的平方根是 2；25 的平方根为 1+3+5+7+9, 共 5 项，n 为 5，所以 25 的平方根是 5；100 的平方根为 1+3+5+7+9+ 11+13+15+17+19，共 10 项，n 为 10，所以 100 的平方根是 10……

因为 9−1=8，8−3=5，5−5=0，进行了 3 次减法运算，所以 9 的平方根等于 3。

因为 16−1=15，15−3=12，12−5=7，7−7=0，进行了 4 次减法运算，所以 16 的平方根等于 4。

…………

由此可知，25 的平方根等于多少？36 的平方根呢？

对初学者来说，平方根的计算是一种新的运算法则，接受起来并不容易。像上述这样的作业，就有可能通过变换问题的角度，让原本纯记忆的、枯燥无味的作业变得有趣。学生看到这样的问题，自然就会提出"为什么会这样呢？"的问题，当他产生了这样的疑问，想把这个问题搞清楚的时候，自主学习行为也就产生了。

作业与教学互为补充

学生的学习有两种类型：一种是间接经验的学习，以学习书本知识为主；另一种是直接经验的学习，主要是通过亲身实践开展的学习活动。"纸上得来终觉浅，绝知此事要躬行。"要让学生更深刻地理解、把握知识，教师需要将上述两种类型的学习交替进行。但由于课堂教学时空的限制，教师在课堂上最容易实现的就是间接经验的学习，很多直接经验的学习内容常被设计成作业的形式，让学生在课后去完成。

案例 18.2　高中思想政治《人民代表大会：我国的国家权力机关》第一课时

某教师确立的知识目标如下：

1. 知道人民代表大会是我国的国家权力机关，了解人民代表大会的主要职权。

2. 了解人民代表的法律地位、权利和义务。

课后作业：

采访人大代表或者人大常委会机关，通过了解代表个人、人大常委会机关怎样开展活动，怎样收集和了解群众的呼声，怎样将代表的意见和建议表达出来，代表建议的处置流程和方式等，了解人民代表大会如何组织活动，人大代表如何行使自己当家做主的权利。

这是人民教育出版社版思想政治必修3《政治与法治》第二单元第二课第一课时的学习内容。这一部分重点讲述我国人民代表大会的有关知识，学生通过对人民代表大会的性质、组成、职权等内容的理解和把握，感受我国是人民当家做主的国家，是为人民谋幸福的国家。从这位教师的教学目标和课后作业的设计不难看出，课堂学习内容主要是间接经验的学习，课后作业则着重于实践经验的获得，课堂教学和作业之间的互补关系非常明显。

人民代表大会制度是我国的根本政治制度，按理说学生应该耳熟能详。但学习这一知识时，大多数高中生或因为年龄的缘故，或因为非选举年的缘故，未能亲身参与过人民代表的选举过程，缺少对这一制度的真实体验。虽然媒体上经常会有相关情况的报道，但报道的内容与学生的学习经历契合度不高，学生平时也不是很关注。学生在学习这一部分内容时，因为缺少相关的知识储备，缺少直接经验，要了解其运作机制就有一定困难。上述作业设计，显然已经超出了课堂教学的要求，学生需要走进原本陌生的领域，学着和陌生的群体、陌生的机构互动交流，印证书本上有关人大职能的介绍，从中感悟人大工作的价值。完成此作业的过程，也是培育学生核心素养的过程。

类似上述案例，在学科教学和作业设计中不是少数。课程对学科内容的学习有全面的要求，但课堂教学往往只能实现有限的目标。在这种情况下，作业就不再仅仅承担巩固所学知识、促进学生思维的职能，还要将那些在课堂上很难实现的课程目标，通过作业的方式加以实现。作业和课堂教学具有同等重要的地位，两个环节相辅相成，互为补充，共同促进课程目标的顺利达成。

很多学科都对学生的跨学科学习、探究性学习等提出了明确的要求。这样的学习往往更适合让学生在课余时间以做作业的方式完成。在课堂教学中，教师主要是对这种类型的学习做一些引导，告诉学生问卷设计和调查的方法、文献研究的基本规范、实验探究的操作要点等，并组织开展成果展示活动。学生在实践活动（作业）中，进行了真正有价值的探索和思考。在指导学生学习的过程中，教师需要做好作业设计与课堂教学的目标分解，让课堂教学和课后作业各司其职。

作业促进"五育"融合

作业作为教学的基本环节之一，有自己独立且完备的体系。作业在呼应课程目标，促进学生"五育"融合，帮助学生德智体美劳全面发展方面发挥着重要的作用。设计作业，不能仅仅局限于某一节课、某一单元，要从系统的角度思考作业的价值和功能，梳理课程标准中的课程目标，哪些通过平时的课堂教学和作业练习就可以达成，哪些是无法通过每节课、每个单元的作业设计来实现的。针对这样的课程目标，教师需要跳出具体教学内容的束缚，围绕某一主题，在一段时间里给学生设计一些看上去和学习内容关系不是非常密切，但能对学生的全面发展产生重要影响的作业，让学生站在更大的背景中理解所学的知识。

高钢在《遭遇美国教育》一书中，介绍了自己 10 岁的儿子的一项作业："美国是一个移民国家，很多学生来自世界各地。请写一篇文章介绍自己的国家，要求概括这个国家的历史、地理、文化，分析它与美国的不同，说明自己的看法。"在高钢自己都感到一头雾水的情况下，他的儿子却用几天的时间完成了这项作业，题目是"中国的昨天和今天"，这是一本 20 多页的小册子，从九曲黄河到象形文字，从丝绸之路到五星红旗……文章的最后还列出了参考书目。

在美国，这样的作业不是偶尔出现，而是经常出现。比如写一篇文章介绍我怎么看人类文化，用纸制作一套你喜爱的房子，写一篇蚂蚁怎样生活的观察报告，写一篇人类怎样发明汽车的文章，等等。

案例 18.3 神秘的三星堆

位于四川省广汉市的三星堆遗址距今已有 3000—5000 年历史。几千年来，它沉睡于成都平原一隅，直到 20 世纪末，才被一位村民"悄然唤醒"。经过数次发掘，其出土文物数量之惊人，造型之精美，可谓"沉睡三千年，一醒惊天下"。

残缺的黄金面具、彩绘的青铜头像、巨大的青铜神树……随着一件件神秘文物的陆续出土，三星堆遗址聚焦了世人的目光。

1. 在网上搜寻三星堆出土的文物，说说哪一件最让你感到好奇？

2. 眼睛向前凸出的青铜面具，为什么造型如此奇特？

3. 谁制作了这些器物？他们为什么要做这些事情呢？

4. 三星堆遗址的考古成果对我们理解中华文明有着怎样的价值和意义？

这类作业的共同特点就是没有标准答案。教师也不需要学生给出标准答案，而是通过作业设计给学生创设了一个可以充分自由发挥的空间。当然，教师对学生完成作业的基本方法和投入的工作时间有严格的要求。

这样的作业设计，在我国并不常见，但却是落实"五育"融合、促进教育高质量发展特别需要加强的。这类作业特别关注那些涉及人生观、世界观和价值观的大问题，引导学生去关注人类命运，引导学生高屋建瓴地思考重大问题的解决方法。这些带有哲学思辨意味、在课本上找不到标准答案的作业，会让学生感受到别样的学习景象，会把一些思想的种子散播到学生的心田，鼓励学生用一生的时光去思考、去探索。

19　要重视反馈

　　要提高作业的质量，教师必须在从设计作业到学生练习全流程的各个环节中，都非常注重反馈。学生通过反馈，可以知道自己当下的表现和目标之间存在的差距，从而引发新的学习行为，让自己向目标方向逼近，并最终达成目标。

　　教师通过对学生作业的反馈，可以及时把握学生学习状况，并发现作业设计中可能存在的问题，进一步提升作业设计的有效性和针对性。

设计阶段的反馈

　　在作业设计阶段，反馈通常以评价的方式出现。这种评价可以是自我评价，也可以是专业机构对自己设计的作业进行的评价。评价的方式有多种。

　　一是提出一些确保作业质量的问题，其中，以下问题是非常重要的。

　　1. 课程标准、教学目标、作业目标三者之间具体的关系是什么样的？

　　2. 设计的作业是否给学生提供了实践所学新知识、新技能的时空，以及能否促进这些新技能与已有知识之间建立联系？

　　3. 哪些作业或作业的哪些环节重在培养学生的批判性思维能力？

　　4. 哪些作业旨在让学生将所学新知识运用到新环境中去解决新问题？

　　5. 如果学生顺利做完了作业，你怎么知道他是否真正理解所学内容？

　　……………

　　教师可以根据这些问题，自评在作业设计过程中对相关问题深入思考的程度以及对作业各要素的把握情况。

　　二是设计作业反馈检查单。建议教师给学生设计作业的同时，同步设计反馈检查单，通过反馈检查单对设计好的作业或学生完成的作业进行评价。学生通过这份检查单，能够清晰地感受到教师对这一作业的期望，明确自己知道些什么，懂得通过怎样的方式来证明自己达到甚至超出了教师的期望。我们还可以将反馈检查单运用到学生完成作业的过程中，指导学生应该在哪些方面下功夫，以便加深对所学知识的理解并提升作业完成的质量。迪普卡在《聚焦家庭作业：改进实践、设计以及反馈的方法和技巧》一书中，给出了几种不同类型的作业反馈检查单的示例，下面是给学生布置撰写演讲稿的作业时，可以使用的反馈检查单。

案例 19.1　反馈检查单：演讲所用元素 [①]

作业组成部分	是	否
主题很清楚		
开场白吸引了听众		
细节支持主题		
信息是准确的		
来源是可靠的		
引用支持主题		
结论概括了这个主题		
视觉效果增强了演讲效果		

　　三是设计作业量规。量规描绘了一个高质量的作业应该是什么样的，其中包含了清晰的质量指标以及表现水平。2022 年颁布的义务教育课程标准特别注重量规的研制，不少学科的课程标准均给出了学习内容的质量标准，并对学习可以达到的水平、学生在这个水平上的表现做出了明确的描述。这不仅有利于教师在备课、上课的环节中更好地把握课程标准和教学内容，依据学生的实际设计教学，对设计有针对性的作业也具有很好的借鉴作用。

---

① 迪普卡.聚焦家庭作业：改进实践、设计以及反馈的方法和技巧 [M].陶志琼，译.南京：江苏凤凰科学技术出版社，2020: 70.

《义务教育体育与健康课程标准（2022年版）》给出的学业质量水平和学生在运动中应该表现出的学业水平就非常具体。有了这样的量规，课后作业的设计就能做到有的放矢了。田径运动的内容维度包括基础知识与基本技能、技战术运用、体能、展示或比赛、规则与裁判方法、观赏与评价等，其中技战术部分的质量要求和水平表现如表19.1所示。

表19.1 田径类运动·技战术运用量规①

表现水平	总体要求	100米跑	跳远	掷实心球
水平二	在游戏和比赛中运用所学田径类运动项目的技能。	在不同信号和姿势的起跑、30米迎面接力赛、50米追逐跑或间歇跑等游戏和比赛中运用各种跑的技能。	在单脚跳、双脚跳等各种游戏和比赛中运用各种跳跃技能。	在掷地滚球、传递实心球、打保龄球、前抛实心球过不同高度横绳等游戏和比赛中运用各种投抛技能。
水平三	在游戏和比赛中运用所学田径类运动项目主要的基本动作技术和组合动作技术，对所学田径类运动项目有较完整的体验和理解。	在游戏和比赛中运用100米跑主要的基本动作技术和组合动作技术，如通过追逐游戏体验加速跑、途中跑与冲刺跑等组合动作技术的节奏变化等。	在游戏和比赛中运用跳远主要的基本动作技术和组合动作技术，如通过踏准游戏体验适合自己的助跑距离、步数与节奏等。	在游戏或比赛中运用掷实心球主要的基本动作技术和组合动作技术，如通过站位—持球—转体—引球—出手的连贯组合动作技术体验发力顺序等。
水平四	在所学田径类运动项目的个人与小组练习和比赛中运用基本动作技术、组合动作技术和完整动作技术。	在100米跑的个人与小组练习和比赛中运用多种基本动作技术、组合动作技术和完整动作技术，如在60—100米跑的完整学练中反复强化和巩固起跑、加速、冲刺等动作技术。	在跳远的个人与小组练习和比赛中运用多种基本动作技术、组合动作技术和完整动作技术，如在完整的跳远学练中反复强化和巩固助跑、加速、起跳等动作技术。	在投掷项目的个人与小组练习和比赛中运用多种基本动作技术、组合动作技术和完整动作技术，如在掷实心球的完整学练中反复强化和巩固蹬地、送髋、出手等动作技术。

① 中华人民共和国教育部.义务教育体育与健康课程标准（2022年版）[M].北京：北京师范大学出版社，2022：40-49.

作业完成后的反馈

学生完成作业后，教师对学生的作答情况作出及时的反馈也很重要。如果教师在设计作业时，能够有意识地关照作业批改的环节，就相关数据的采集和汇总整理提前做出相关安排，在批改作业时就能够收集相关的典型案例，并进行统计分析。这些案例和数据反过来可以让教师思考自己的作业设计是否合理，发现学生的薄弱环节，找到改进的方向。

作业，从大的方面看，可以分为主观性作业和客观性作业两大类。

◌ 客观性作业

客观性作业的批改相对简单。答题卡扫描的普及更是大大减轻了教师批阅客观性作业的负担。对于这类作业，教师可以借助技术手段加强对作业的统计分析。有三个方面的数据是分析的重点。一是作业的得分率，从中可看出作业的难度如何。教师可以据此判断作业布置得是否合理，是什么原因导致一些题偏难的。二是给出其他答案的比例。这个数据可以说明相关干扰项对学生的干扰程度，可以给教师提供诊断性的信息。三是对作业内容的分析，即教师从知识目标、能力目标和学生应答的情况，对作业的目的、学生的实际表现等进行的分析。

以下是客观性作业的典型案例，无论对教师改进作业设计，还是在作业批改中谨慎做出评判都是很有启发意义的。

案例 19.2　*该圈哪个*？
一位小学语文老师给学生布置了这样一道作业题：
找不同类，并圈起来。
1. 轿车　　消防车　　火车　　　救护车
2. 鱼　　鹅　　鸭　　鸡

有一个小朋友第一组圈了"轿车"，第二组圈了"鸡"，结果老师判定学生回答错误，并请家长关注这道题。老师设计作业的意图很清晰，第一组中，火车是有轨道的，其他三种车辆都无轨道；第二组中"鱼"生活在水中，且没有翅膀。家长没有轻易否定自己的孩子，而是问他是如何思考的。孩子告诉家长：第一组四种车辆中，轿车可以自家买，其他三种都不能自家买；第二组四种动物中，鱼、鸭、鹅都会游泳，只有鸡不会游泳。老师没有明确分类标准，在这种情况下，孩子根据自己的分类标准做出的选择也很有道理。

○ **主观性作业**

在设计主观性作业的过程中，教师要思考如何才能将学生多样化的回答客观化，以便于在批阅之后进行统计分析和反馈。

一个很简单的方式是采用"二位制"的评分编号方法。"二位制"的编码是这样界定的。第一位数字表示正确水平，统一规定用四个数字来表示：1 表示部分正确，2 表示完全正确，7 表示不正确，9 表示没有回答。第二位数字表示同一正确水平情况下答案的不同类型。

教师在批改的过程中，随时记下每一个编码出现的次数，最后进行统计分析，基于每一个编码所占比例的大小，对学生概念的理解与运用情况做出评估。原本主观性的作业，也可以采用客观性作业的分析方法加以研究。示例如下。

案例 19.3　一道中考题

如图 19.1 所示，把装饭菜的碗加盖后放入一盆中，盆内盛有一定量的水，将一块纱布铺在碗盖上，纱布的边缘浸入水中。南方有的地方，夏天用这种方式来延长食物保存的时间。请说明这样做的科学道理。

图 19.1

这是某省的中考试题。正确的回答要提到水蒸发、吸热、降温以及纱布因其边缘浸入水中而保持湿润（或直接提到毛细现象）。

答案例1：纱布的边缘浸入水中，水会不断地"爬"上纱布，使整块纱布一直保持湿润。然后，水不断蒸发，吸热，降低温度，从而起到保鲜的作用。

答案例2：由于纱布上的水蒸发吸热，使周围的温度降低，碗里的食物的热量通过碗盖传到纱布的水上，水蒸发吸热，从而使食物的温度降低。

考虑到初中生的现有水平，命题者认为只要能够提到湿润、蒸发、致冷中的两个关键词，就算回答正确，给6分。因此本题的正确答案有：

20　水蒸发，吸收热量，降温。

21　纱布保持湿润，使食物降温。

22　纱布上的水蒸发。因为纱布保持湿润，所以蒸发时间长。

…………

有些学生只能写出湿润、蒸发、致冷三个关键词中的一个。凡属这样的情况，都是部分正确的答案，给2分。相应的编码为：

10　只提到水蒸发，未说明它可吸热降温。

11　只提到纱布因其边缘浸入水中而保持湿润（毛细现象）。

12　只提到吸热降温。

…………

有些学生在回答本题中，没有用到湿润、蒸发、致冷三个关键词中的任何一个，这样的回答是不能给分的。相应的编码有：

70　用水的比热来解释。

71　从纱布的阻挡、隔绝角度考虑。

…………

有的学生不知道如何回答，本道试题根本没有作答，就记为90[1]。

————————

[1] 和上面的10、11、70、71等一样，90也是二位制的编码。根据上面的约定，2开头的编码，表示答案正确，有不同类型；1开头的编码，表示答案部分正确，有不同类型；7开头的编码，表示学生作答了，但答案错误，可分为不同情况；9开头的编码，表示学生没有作答。

反馈是形成性评价的灵魂和心脏。反馈旨在帮助学生反思自己的学习，并且根据需要调整策略以达到或超过标准，从而加深对重要概念的理解。教师如果没有时间对作业进行反馈，那么最好不要布置作业，未经验证或未经准确验证的练习对学生几乎没有好处。游戏之所以能够让人着迷，是因为它的及时反馈。教师应该从中获得借鉴，并将其机制运用到作业中。

20 关注作业环境

作业的环境包括学生所处的文化、社会经济、制度以及物理环境。学生在完成作业的过程中，环境中的各个要素都会对学生的学习行为产生影响。学生的行为反过来也会对所处的环境带来影响。"破窗效应"[①]就是一个典型的示例。好的作业设计，既要关注课程标准、教学目标等的落地，同时也要关注学生现实的作业环境。

作业需要的环境

○ 物理环境

物理环境包括自然环境和人为创设的环境。人为创设的作业环境，即为孩子准备的光线充足、不受打扰、没有噪音的独立学习空间，干净整洁的写字台，软硬、高低适合的板凳或座椅，以及完成作业所需要的资源等。学生近视率是衡量一所学校在促进学生健康发展方面所做的工作是否到位的一个重要指标。科学家们经过大量研究发现，在人造灯光环境下长时间地学习、写作业，是导致学生近视的主要诱因。如果学生每天能够保证一定时长的户外学习和运动，近视率就能得到有效控制。

[①] 若一扇窗户被打破后没有人及时进行修复，会给周围居民传递该地区无人看管的信号，潜在破坏者和犯罪人员会认为即使进行违法犯罪也不会有人管，进而可能导致更严重的违法犯罪行为的发生。

○ 文化环境

文化环境指的是学生所属的社会群体形成的信仰或价值观念，以及代代相传的习俗和行为等。比如有的家庭依然坚守"男尊女卑"的观念，对女孩子的学习没有多少要求，这种环境无形之中就会影响女生对待学习、作业的态度。

○ 制度环境

制度即在一定历史条件下形成的一系列与政治、经济和文化有关的法律、法规和习俗。比如《关于加强义务教育学校作业管理的通知》明确提出学校和教师严禁给家长布置或变相布置作业，严禁要求家长批改作业。同时要求家长督促孩子回家后主动完成学校布置的作业，引导孩子从事力所能及的家务劳动，激励孩子坚持进行感兴趣的体育锻炼和社会实践；不额外布置其他家庭作业。

○ 社会经济环境

父母的工作性质和收入直接影响着孩子所能接触到的社会群体，所能享受到的教育资源以及他人给予的学习上的关照等。若家长整日为生计奔波劳累，没有时间照看孩子的学习和生活，没有时间陪伴孩子，对孩子的成长是很不利的。

虽然说学生带回去的作业任务是一样的，但由于学生所处的物理环境、社会环境等存在很大差距，学生完成作业的过程、最终得到的结果会千差万别。

如果上述环境都很适宜，能够支持学生的学习以及作业的完成，学生的身心发展就能得到有效保障。如果其中的某项指标或少数几个指标都不太理想，学生就会有不适感，在完成作业的过程中会受到这样或者那样的干扰，作业效率不会很高。如果大多数指标都无法满足学生的成长需求，学生在这样的环境中生活会非常艰难，要让学生按要求完成作业就成了一种奢望。

给学生提供有力支持

教师在作业设计的过程中，要考虑到完成作业所需要的环境这一重要因素，把学生在哪里完成作业、需要多长时间、是否有常规的流程、物理环境如何、手边有哪些工具等问题思考清楚，并给学生必要的支持和帮助。我们经常强调教师要对学生的作业予以指导，这没有问题，但有时候支持比指导更有力量。指导是指教师引导和指导学生，并尽可能把他们引向某个地方或其他人；支持则是指教师采取实际行动直接帮助学生。

教师给学生设计作业时，要设身处地地去理解学生，理解那些影响他们完成学习任务的社会情境。

比如有的学生属于外来务工人员的子女，他们的父母可能在附近的工厂做工，经常要加班到很晚才能回到住处。这些学生回去之后的饮食都需要自己来解决，要指望家长对学生的作业进行指导不太现实。一些教师会设计需要家长配合才能完成的作业，这类作业让这个群体的学生去完成就有点勉为其难。教师需要根据学生的实际情况，变换作业的设计形式，不给学生增添新的负担。有的孩子父母在菜场卖菜，孩子放学之后只能回到菜场，一边帮父母管理摊位一边做作业，有的孩子找不到写作业的地方，甚至会蹲在父母的案板下方去写。面对这样的学生，教师和学校就需要思考，布置给学生的作业是否一定要让学生回家去做，能否在学校里通过晚托班等形式给学生提供晚餐、学习的场地等，让学生能够安心地完成作业。场地对学生完成作业至关重要。除了在放学之后提供学习的场地之外，学校还应该和社区进行充分的融合，利用学生所在社区的图书馆、社区活动中心、其他同学的家庭，甚至虚拟空间和数字空间等，不断拓展学生作业的物理环境。另外，教师还要向学生及其家庭提供有关作业环境的相关建议，帮助大家充分认识环境的作用。

比如有的作业需要在互联网上完成并提交，但有的学生家中根本就没有电脑，不具备上网学习的条件。如果上网学习的作业没有替代方案，教师在设计作业的同时，就要为学生上网提供便利。除了让学生在学校里的电脑机房完成相关的学习任务外，教师是否可以将便携式的移动设备如iPad等借给学生，让学生带回家去根据要求完成相应的任务？类似情况还是比较常见的：如学校开展整本书阅读，但学生手里没有要阅读的书籍，家长认为这些书籍与考试没有太多关系，看多了还会影响考试成绩，不愿意为自己的孩子购买。在推动整本书阅读活动之前，教师需要对学生手中的资源情况进行排摸，做好相关准备。如教师给学生布置了回家的手工作业，但很多学生手边根本就没有相关材料，也不知道到哪里去找这些材料。如教师给学生布置了合作学习的作业任务，但学生回到家里之后都忙着自己的事情，根本没有机会聚集在一起就作业的问题开展合作学习和研究……学习资源是保障作业顺利完成的基础，教师给学生设计需要自己整合资源的作业任务时，要把学生可能面临的困难罗列清楚，并给予相应的支持。

如果作业需要家长的协助和参与，教师就需要把这些因素考虑进来，思考针对家长的不同参与度，该如何设计作业才更好。家长对待孩子作业的态度对学生作业的效果影响是很大的。有的家长每天热衷于辅导孩子做作业，有的家长却从不把孩子所要完成的作业当回事；有些父母能看到家庭作业的价值，有些父母则对此不屑一顾。孩子在家完成作业时，环境因素对孩子发挥着潜移默化的影响。有的孩子铅笔盒里放了二十多支铅笔、七八块橡皮，看上去似乎是节约了时间，但实际效果可能恰恰相反，过多的学习用具会分散孩子的注意力，因为孩子会在挑选用具时浪费大量的时间。父母在一边陪着孩子做作业时，如果行为不当，也会对孩子产生负面影响。有的父母拿着手机坐在孩子身边，一刻不停地刷页面，虽然没有声音，但屏幕的亮光变化以及父母刷屏的举动和表情，都会分散孩子的注意力，对学习造成干扰。

孩子沉下心来写作业的时候，父母最应该避免以下几种行为。一是动不动就对孩子的姿势提出警告，比如"把头抬高，我已经说过无数次了"。原本正在思考的孩子，会因为家长的这一警告而打断思路，等到意识到父母为什么批评自己，并设法调整好姿势后，却常常发现自己不知道该如何再进入刚才的思考状态了。二是动不动就来一个爱心抚摸或者爱心问候，看上去是关心孩子，其实会对孩子的思考产生干扰。三是看到孩子动作慢或者在一道不是很难的题目上绕弯子走不出来，就急得不得了，情不自禁地给出提示。孩子思考问题的视角和大人的视角经常是不同的，父母过多地对孩子的学习加以指点，习惯性地根据自己的社会经验来判断孩子行事的对错，会消解孩子做作业的热情。很多时候，恰恰是这样独断专行的方式，一点一点地扼杀了孩子对于作业的兴趣。

案例 20.1　用橡皮擦掉答案

如果仔细观察学生做作业，你就会发现这样的现象：孩子做错了一道题后，用橡皮擦掉答案时会擦得格外用心，一下、两下、三下……已经看不清楚字迹了，还在用力地擦，直到家长说："可以了，已经够干净了。"孩子才会用小手轻轻地掸掉纸上的橡皮末，但也要掸上三四遍才会住手。

孩子之所以这样做，是因为他在家长的监视下感到紧张。在他决定擦的瞬间，他并不知道这道题的正确答案是什么，他的大脑一片空白。他故意磨磨蹭蹭，是为了回避错误，也借此拖延下一个错误答案出现的时间。

写作业是学生将课堂上学习到的知识借助习题加以展现的过程。在这个过程中，学生需要对大脑存储的信息进行整合和筛选，哪个信息是解决哪个问题的，要形成一一对应的关系。这个过程不是简单的打印过程，需要思维的二次加工。这对孩子来说不是一件容易的事，家长要有耐心。家长的反复唠叨可能会让孩子对自己失去信心。

取得社区的积极支持

学校和教师有义务加强对社区的指导，帮助社区构建作业文化，让学生所在的社区认识到鼓励学生及时完成作业、在学生有需要的时候提供各方面的支持等是社区的职责。社区作业俱乐部可以给社区里的学生提供全方位的作业服务。这样的作业文化，具有特别的价值和意义。

每年的寒暑假，学校总会给学生布置一些有特色的假期作业，让学生利用假期时间接触社会，在实践中学习，对课本知识加以应用。但寒暑假的学习和学校学习有着很大的区别。首先，在学校里教师依据教材，按计划、有步骤地教学，学生可以得到具体的、系统化的学习指导。而学生在假期里需要主动去计划、安排相关的学习任务和学习进程，以保证学习活动有条不紊地开展下去。其次，学习环境发生了巨大的变化，所需要的学习资源、支持系统等也完全不同。学生生活在一个比学校更广阔的社会中，如何借助社会的力量保障学习有效进行，就成了一个重要的课题。再次，学生交往的对象也有了很大的变化。在学校里，学生面对的是熟悉的教师、可爱的同伴，相互间沟通交流无障碍，现在突然走向社会，要和很多自己不熟悉、不了解的人沟通，获取需要的学习资源，这对学生提出了更高的要求……学生从学校生活走向社会生活，并非自然而然的事情。如果教师对学生的境况没有认真仔细地觉察，不能给他们提供更加有效的支持，仅仅是布置了一大堆的假期作业给他们，让他们保持良好的学习习惯、提升学习能力的目标就不可能实现。

江苏省常州市龙虎塘实验小学多年来坚持开展"幸福作业"的探索与实践，相继开发了"学期作业周期项目化""寒暑假作业主题统整模块化""双休日作业年级联动的玩伴团活动序列化"三大样态的作业类型。他们将学生置于教育的最中央，赋予他们自主设计作业的权利，让他们在作业"设计—实施—评级"的全链条中主动作为。学校找到了一个很好的切入口——寒暑假作业设计，让先行先试的班级为全校的学生设计假期作业。接到这个任务后，学生面临一系列困难：设计的作业如何得到其他班级教师、家长的认同？在搜集资源的过程中怎样得到社区、公益组织等机构的支持？如何让设计出来的作业更丰富有趣、贴合学生的生活实际，得到学生的喜爱？……这种由学习者自发驱动的自下而上的做法，由于有家庭、社会上相关资源方的积极参与，促进了多元主体、多边互动的合作学习网络的真正形成。社区支持学生的作业和学习蔚然成风。他们的做法也为"学习型社会"的建设提供了一种新的思路。学生在成就自己的同时，也促进了社区"学习型社会"水平的整体提升，这反过来又促进了学生学习环境的不断完善。

21 强化作业管理

在教学诸环节中，作业这个环节比较特殊。师范院校几乎没有开设有关作业的课程，也缺少专门研究作业的人员。师范专业的学生对作业的认识和理解，主要来自自己在基础教育阶段求学期间科任教师的相关做法。这些学生大学毕业回到学校做教师，很自然地就沿用了此前教师的做法，很少去深思其科学性和有效性。作业研究的缺失使得教师在给学生设计作业时目标不明确，思路不统一，对作业的有效性难以把握。这是导致学生课业负担过重一个非常重要的原因。

落实减负要求

《关于加强义务教育学校作业管理的通知》提出了加强作业管理的十项举措，其中第一条明确指出，作业是学校教育教学管理工作的重要环节，要求"切实发挥好作业育人功能，布置科学合理有效作业，帮助学生巩固知识、形成能力、培养习惯，帮助教师检测教学效果、精准分析学情、改进教学方法，促进学校完善教学管理、开展科学评价、提高教育质量"。

而事实上，在学校的教育教学管理工作中，作业是经常被忽视的一个环节。教师撰写教学设计或者教案时，会用很大篇幅对教学流程的设计、教学内容的诠释加以说明，但很少有针对作业的分析。有的教案在最后会提到作业，但也仅仅写出了作业的序号，并不会提及作业的具体内容，更别说关于作业的分析和说明了。在备课组或者教研组的集体备课活动中，作业也基本上是教学研讨的附庸。教师往往将主要精力用在对课堂教学的结构、教学资源的取舍、教学流程的设计、重点和难点的突破等方面的讨论上。作业只是研讨活动最后的壁虎尾巴，时间可长可短，讨论可多可少。

学校层面做了很多提升课堂教学效益、促进学校向更高质量迈进的探索和实践，但将关注点放在作业的有效设计和实施方面的不多，把作业作为一个主要的研究课题鼓励教师开展研究的更是屈指可数。学生和教师每天花费时间最多的事情，应该就是做作业和批改作业，但有关作业的研究和讨论往往被忽视，这凸显了学校教育、教学管理存在着漏洞和薄弱环节。

　　强化作业管理，是切实减轻学生过重的课业负担，提升教育教学质量和效益，促进教育高质量发展的有效路径之一。但要将此事落到实处并不容易。一方面，作业设计和研究基本上不在学校管理层的视域之中，要将它放到学校管理的重要位置，是需要从观念到管理行为上进行一次"革命"的。这对于已经习惯于"传统"的管理者来说，是一个非常艰难的选择。另一方面，有关作业的实践性经验很多，但能够上升到理论层面的成果不是很多，要开展作业方面的研究，需要具有开创性的思维，学习与作业相关的各种理论，走出一条独具特色的作业研究新路来，这对很多教师来说是颇具挑战性的。但也正是因为如此，作业的研究才更具有实际意义。如果研究成果能被大家认可，能为新时代教育的高质量发展贡献自己的一份智慧，何乐而不为呢？

提升教师作业设计能力

　　依据上级的作业管理规定制定相应的管理制度并非难事，但要让作业管理制度落到实处，确实起到减轻作业负担、提升教育教学质量的作用，就需要明晰作业管理的重点和难点，狠抓重点不放松，聚焦难点寻突破。

　　作业管理的重点，是提升教师的作业设计能力。绝大多数教师都没有接受过作业设计和研究的专门训练，他们在作业设计方面的能力是有所欠缺的，短时间内也很难有实质性的改变。因此，提升教师作业设计能力，必须有一个长远的计划，可以结合专业能力培训整体提升，也可以让教师参加专项的培训提升计划。

　　教师的作业设计能力如何，可以通过两种方法来加以判断。一种方法是通过教师设计的作业题目本身来进行判断，另一种方法是通过教师在设计作业时需要系统思考的相关问题的情况来进行判断。前一种方法重在根据结果推断教师作业设计的能力高下，后一种方法则从教师设计作业的过程来做出判断。显然，后一种方法为学校提升教师作业设计能力提供了一种路径。

一项针对义务教育阶段教师在设计作业时思考哪些问题的数据统计表明，绝大部分教师在设计作业时，做得最多的是：预先做题、估计作业完成的总时间、估计作业的整体难度。在此基础上，教师会继续做另外三件事：判断每道作业题的难度、估计完成每道题目的时间、调整作业类型与数量。教师做得最少的是：明确每道题适合的学生、分析科学性错误问题、分析每道题对应的目标问题。教师基本上不太会做的是：写出作业的总目标。

这一调查还揭示了教师在作业设计上所用的时间非常有限。因为时间有限，教师基本上不会自编作业。有些学校虽然有自编的作业、练习册，但其中绝大多数题目是从各种辅导练习中选编的。教师给学生选择的作业以书面作业为主，作业的类型比较单一。在有限的时间里，教师基本上不会关注作业的目标，包括总目标和每一道作业题的目标。这在一定程度上影响了作业的整体质量。教师给学生布置的作业较多存在结构性欠佳、分层分类意识不够、针对性和趣味性不足、缺乏可解释性等问题。

作业管理的难点，是对教师设计并布置给学生的作业做常态化的监控、数据统计和质量分析。一是要对学生完成当天各学科的作业时间进行常态化的监测，促使教师借助团队力量，共同协调每一天的作业总量，确保学生作业时间在规定的范围内。二是对布置给学生的作业进行质量跟踪。衡量作业设计质量的维度包括作业目标、作业难度、作业数量、作业类型、作业分层、作业科学性、作业结构等。其中，作业结构体现了作业整体的设计质量。教研组或备课组要鼓励教师依据上述质量要求，对每天布置的作业进行质量分析，把相关的质量信息和设计的作业共同作为作业质量监测的内容。同时，教研组或备课组要组织学科团队进行作业质量专题评估，结合学生在完成作业过程中碰到的问题和难点，反思作业设计中的问题和不足，提出改进的意见和建议。三是探索建立符合本校学生特点、具有独特质量标签的作业题库，对入选的每一道作业题的属性进行描述。在题库建设的实践中帮助教师掌握设计作业的基本原理和方法，提升教师作业设计的能力。

把握问题的关键

影响作业设计质量的因素有很多。有些因素对作业质量的影响有限，有些则对作业质量有着显著的影响。作业管理的关键，是要抓住其中的关键因素，重点加以突破。

在各相关因素中，作业的多样性是影响作业效果最为关键的因素，对学生的学业成绩、作业兴趣、作业负担都具有较明显的影响。多样化的作业可以有效避免单调，增加学生学习的兴趣，减轻负担感，从而提高作业效果。作业的多样性指的是作业类型的丰富程度，这就像我们每天的早餐一样，如果每天都是鸡蛋、豆浆、油条和包子，虽然也能满足营养的要求，但我们吃起来兴致就不会很高。如果每天变换花样，总是让人有新鲜感，让早餐变成一个值得期待的事，那效果就完全不一样了。上海市杨浦小学分校在常态化作业的基础上，努力拓展作业的类型，创设了单元类作业、合作类作业、体验式作业、自主式作业、创智类作业、主题类作业、游戏式作业、表达类作业、制作类作业、非正式作业、跨学科作业、探究类作业、专题类作业、想象类作业等 14 种新的作业类型。多样化的作业类型，彻底改变了人们头脑中有关作业的刻板印象，让学生学在其中，乐在其中。

可解释性也是影响作业效果的重要因素，对于保持学生的作业兴趣，提高学业成绩有明显影响。作业的可解释性主要是指目标针对性，即作业目标是否清晰、科学、有效等。教师越是能向学生讲清楚作业设计的意图、对应的教学目标、考查的知识内容，学生在完成作业时就越能做到心中有数，作业完成的质量也就越能得到保证。本书的第 12 个原则已经对可解释性做了详尽的讨论，这里不再展开。

作业的可选择性是作业设计亟待重视的因素。学生各方面都有很大的差异，他们的学习能力、作业需求也是各不相同的。有的学生理解能力有限，当天学习的内容尚需花费较多的时间和精力去消化，教师需要给他们设计一些基础性的作业，帮助他们进一步回顾所学，加深理解；有的学生已对所学内容烂熟于心，那些课本配套作业对他们来说没有什么价值，教师需要布置一些有挑战性的作业激发他们的求知欲；还有的学生有着特别的学习需求，教师可以在作业方面给予特别的关怀……千人一面的作业，有利于减轻教师的批改负担，但对学生来说针对性显然是不够的。教师如果能设计分层分类的作业，给学生不同的选择，将作业的主动权交给学生，可以激发学生学习的主动性，减轻他们的作业负担。

作业的结构也是不可忽视的因素。每天的作业都由若干道题目组成，这些题目之间自然存在着一种结构。结构性指标主要反映作业目标、时间、内容、难度等是否合理。当下的作业在结构性方面存在着几类问题。一是作业的目标不明确。教师在布置作业的时候，对整体的目标有一定的考虑，但较少思考每一道作业题的目标。这就使得一些作业题失去了目标指向，容易造成作业量过大、作业设计比较随意等现象。二是作业的时长、难度分布等不均衡。不同课时的作业，时间时长时短，难度时大时小，作业与学习内容的联系时紧时松，缺乏整体的设计与考虑。三是各个题目之间缺乏内在的联系，很难从作业中看到对学生思维能力培养的要求。

上述要素都是作业管理需要着重关注的。

第三部分

作业设计的
策略

22 激励学生主动投入

我们一直说备课要"备两头"：既要研究教材，把握教学的重点，也要研究学情，把握教学难点。作业设计也是如此，既要根据单元目标和课时目标来确定作业目标，也要研究学生的心理机制，并以此为基础设计符合学生身心发展特征的作业，鼓励学生主动投入。

作业与自我调节

作业通常指的是教师布置给学生、让学生在课堂以外的时间完成的学习任务。和在教室里上课相比，做作业是一种典型的自我调节性的学习活动。学生在完成作业的过程中，要设法抵抗身边的各种诱惑，要和各种干扰因素做抗争，要发挥自己的意志力聚焦作业任务，要在没有他人监督的情况下完成作业任务。学生作业完成质量的高低，与他的自我调节能力有着密不可分的关系。

学生在做作业时，如果感到作业无趣、困难，看不到作业的意义和价值，那么他为了免受家长的指责和教师的批评，就需要调动自我调节或自我控制的力量，来抵御内心对作业的抗拒。这样去做作业必然要耗费更多的心力。自我调节通常包括自我观察、自我判断和自我反应三个基本过程：自我观察就是了解和熟悉教师布置的作业任务；自我判断是在观察的基础上，形成对作业的基本看法以及情感取向，对完成作业任务的行为姿态做出选择；自我反应则是基于自我判断的结果和作业任务的要求而产生的行为反应。如果作业非常有趣，能激发、调动学生各方面的潜力，激励他们全力以赴地去完成，那学生就不需要自我调节；相反，如果作业未能诱发学生积极的情感体验，但又不得不完成，那么学生需要从身心方面做出调整，改变自己的认知、情感或行为反应，让自己坚持下去以完成既定的任务。从学习心理的角度看，如果教师布置的作业，总是需要学生通过自我调节、自我控制才能完成，那么这样的作业在设计方面就存在缺陷。

深入分析学生在完成作业过程中的心理特点之后我们就会明白，比完成作业和答案正确更加重要的，是学生做作业时的主动投入。

主动投入有以下几个标志。一是学生知道作业的意义，能为自己的作业负责。他们不仅乐意完成教师布置的作业，还会根据自己的实际学习情况，主动选择相关的作业，提升自己对相关知识的理解和运用。二是主动安排作业时间。在学生的时间安排中，作业被作为优先选项来考虑，学生会把完成当天的作业当作非常重要的任务率先做好，在做作业的过程中也会积极思考，努力实现知识的融会贯通。三是在作业的选择上，学生不愿意去做那些自己已经熟悉的、反复操练的作业，更愿意去探索那些具有一定难度的、能够提升自己思维品质的作业。教师设计作业时，需要对学生的这些心理状况有比较清晰的认识。

教师进行有效的作业设计需要两方面的知识基础：学科知识和学生知识。掌握学科知识，重在解答如何形成基于标准的作业体系，如何用更少的作业达到预期的训练效果；掌握学生知识，重在解答什么样的作业更能激发学生主动投入，什么样的作业规则更有利于学生形成良好的作业习惯。

激励学生主动投入的路径

上海市教育科学研究院实验小学原校长方臻、上海市教育科学研究院课程与教学研究室主任夏雪梅编著的《作业设计：基于学生心理机制的学习反馈》一书，重点研究学生在完成作业过程中的各种心理特征，以此来点拨教师的作业设计。该书在对学生的作业心理做了大量实证研究的基础上，提出了作业设计中促进学生主动投入的七条路径。

一是把握学生完成作业时的心理特征。从上述的讨论不难看出，学生的心理状态对作业效果会产生很大的影响。教师在设计作业时，如果缺少对学生心理特征的把握，缺少学生视角，那么很有可能出现作业的结果与设计的初衷大相径庭的情况。

案例 22.1 《小豌豆》写话练习 [①]

一位教师上完了《小豌豆》一课后，给学生布置了一个写话练习。考虑到学生之间的差异，教师设计的作业是有选择性的，学生可以在两道作业题中任选一题作答。

1. 请以小豌豆的口吻改写第二部分的内容。

2. 小男孩把小豌豆当子弹打出去，其他四颗小豌豆的命运会怎么样呢？请选择其中的一颗，编一个小豌豆的故事。

教师设计的这道作业题，难度是递增的。借助文本改写相对简单，编一个故事则较难。在教师的预想中，大多数学生会选第 1 题，那些学习能力强的学生会去做第 2 题，但结果却和教师的预测不相吻合。确实是大多数学生选了第 1 题，但选第 2 题的，主要是平时的学困生。教师调查之后才明白，学习能力强的学生不选第 2 题，是基于稳妥的考虑，做第 1 题没有风险，容易得到好评；学困生选第 2 题，是因为他们嫌麻烦，第 1 题要书写的内容太多，编故事可以少写一些。当教师太注重作业结果的正确率并基于此对学生的学习加以评价时，学生就会选择求稳，不会主动去挑战难度高的作业。

二是要着力提升作业品质。作业本身是有品质的，学生完成作业的过程也需要品质保证。学生作业品质指的是学生在完成作业的过程中能够产生适应性的作业行为和相对应的心理品质，包括主动的时间投入、认知上的参与以及过程中的坚持和自主等。这既需要学生对待作业有积极的态度，更需要教师洞悉学生的心理特征，能够设计与学生心理特征相匹配的作业。良好的学生作业品质，体现在学生将完成作业的过程视为自己对知识的重新建构和理解的过程，意识到通过反复实践练习和巩固，才能达到知识建构的目的。

---

① 方臻，夏雪梅.作业设计：基于学生心理机制的学习反馈 [M].北京：教育科学出版社，2014: 49.

案例22.2 《智取生辰纲》的主要内容

原来的作业题：概括《智取生辰纲》这篇课文的主要内容。

重新设计的作业题：关于《智取生辰纲》，请回答下列问题：

1. 小说的主要人物是谁？

2. 这个人物的经历分为几个阶段？

3. 他每个阶段面对的冲突是什么？

4. 人物面对冲突时有怎样的表现？

以上案例根据媒体对上海市西南模范中学李旻兰老师的采访改编而成。前后两道作业题让学生回答的内容是一致的，但原来的作业题因为问题比较笼统，学生很有可能把握不好答题的主线，甚至产生畏难情绪。重新设计的作业题，给学生的回答搭建了脚手架，帮助学生梳理答题过程所需要的思维过程和方法，学生不仅能够较好地完成这一作业，还能够从中学到解决此类问题的一般思路，有举一反三的功效。

三是坚持"少就是多"，避免大题量的作业让学生产生逆反心理和认知阻滞。很多教师信奉大题量的作业训练，寄希望于通过海量的训练，让学生见识各种各样的题型，避免在考试的时候因为"面生"而卡壳。但低水平重复训练的作业，最容易让学生产生负面的情绪体验，也更容易导致学生在作业过程中敷衍了事。教师应尽量在保证作业有意义的前提下，让学生理解所学知识，避免机械重复；教师应多给学生布置一些既具有一定的认知挑战性，又是自己经过努力可以完成的作业，让学生产生较高的自我效能感；教师要精心设计作业的规则，让学生更愿意去完成有挑战性的作业。

四是努力让学生在作业中获得更积极的情感体验。积极的情感体验对学生的作业动机和作业行为有激发作用。如果学生在完成作业的过程中有积极的情感体验，那么对于自我能力就会持肯定态度，认为自己有能力完成有挑战性的作业。比如在学习钟表的基本知识时，可以给学生设计作业，让学生制作一个钟表；也可以给学生设计当小小修理工的作业，给学生提供一些不合常理的钟表，让学生发现其中存在怎样的错误，并将错误更正。很显然，后一类作业设计更能调动学生的积极情绪。在日常教学中，教师要更加仔细地研究学生，努力把握学生的心理状态，在作业设计上也要更加注重趣味性，让学生一接触到这些作业就能产生兴趣，愿意积极投身其中。

五是让学生参与作业的设计和选择。学生做那些自己选择的、自己可以把控的事情，通常都是津津有味的；而做那些被动接受的、按照他人的要求去完成的事情，往往就缺乏主动性，甚至能拖一天就往后拖一天，直到实在无法拖延下去了才草草了事。作业也是如此，如果教师少一点统一性，多给学生一些选择的机会，给学生一些自己设计作业的时空，将作业的数量、难度、形式、反馈的方式等交由学生来决定，反而可以激发学生的自我责任感和对作业的主动投入，取得更好的作业效果。

六是让学生在作业中认清知识的关联和应用。知识原本就是一个整体，我们是为了学习的方便才人为地将它们分割成不同的学科、不同的模块，分门别类地加以学习。学生在学习的过程中，如果不知道所学的知识在整个知识体系中处于什么位置，和其他知识之间有什么联系，就很难理解知识的价值和意义。作业不仅仅是为了巩固所学的知识，更重要的是帮助学生将零散知识进行聚合统整，梳理知识的内在结构，建立知识之间的相互联系。从这个意义上看，多从单元视角给学生布置作业，让学生体会单元作业的特点，是很重要的。

七是让做作业成为学生与他人共同走过的一段旅程。学习是学习者在别人的陪伴下逐渐获得新知、提升智慧、实现全面成长的过程。在学习的过程中，每个学习者都会遇到无数的困惑和难题，需要通过同伴、长辈等的答疑解惑来开启心智、实现顿悟。学习从来不是一个人单打独斗的过程，在与同伴以及成人的交往过程中，学习者不仅可以拓宽自身的知识视野，提高思维能力，厚实自身的精神世界，与他人的合作能力和人际交往能力也能够得到很大的提升。多给学生布置一些需要与他人合作，需要同伴、教师、家长或者社会各界人士参与其中的作业，有利于提升学生的合作意识和能力，让他们对合作共进有更加深刻的理解。

23 重视认同和内化

人只有将所学的知识，所接触到的新的解决问题的思路和方法内化于心，后续遇到具体问题时，才能够自觉地运用这些新知识、新方法去探索、去解释。作业在促进知识和思维的内化方面，发挥着重要的作用。

态度的形成过程

人对某件事情的态度并不是先天就有的，而是在后天的生活和学习中逐渐形成的。人们一般认为，对一件事情所持态度的形成过程，通常由依从、认同、内化三个阶段组成。[①]

依从又包括两种情形：从众和服从。从众就是我们常说的"随波逐流"，自己对新事物缺乏认识和体验，听到别人这样说，自己觉得有道理，就跟着随声附和。自媒体时代信息非常丰富，学生在其中获取信息并加以传播，转手推送大量信息就属于这种情况。服从是指在权威、群体面前，放弃自己的意见而采取与大多数人一致的行为。学生在学习过程中，经常会把课本、教师看作权威，即便有时候发现自己的想法和书本上描述的、教师讲授的不一致，也会很自然地认为是自己理解有误，放弃自己的思考而接受教师的观点。遇到新事物时选择依从最大的好处，就是可以获得安全感，让自己在群体中能够自在地生活。

---

① 美国心理学家赫伯特·C.凯尔曼（Herbert C. Kelman）于1958年通过分析典型的态度变化提出态度形成的三阶段说，即人对一件事物所持态度的形成过程，通常是由依从、认同、内化三个阶段组成。

认同是在对一件事情有所了解的基础上，在思想、情感上认同这件事情，主动接受这件事情对自己的影响，让自己在态度和行为上与之靠拢。认同的实质就是对榜样的模仿。在学科学习中，教师给学生布置了一道作业题，学生倒腾了半天也不得法。教师对这一问题进行剖析，将事物的变化过程分解成不同的阶段，明确每个阶段变化的特征，找到与之对应的学科原理或规律。经由教师的分析和引导，原本错综复杂的问题一下子变得明晰起来。这种解决问题的思路和方法让学生受益良多，学生立即就产生了认同感，并暗暗做出决定，再遇到此类问题就模仿这样的分析思路去解决。

内化是在认同和模仿的基础上，进一步认识到新知识、新的思想方法的价值，自觉地将它们融入自己的知识体系和思想观念之中。再遇到类似情境时，学生能够自觉地按照新融合的思想观念、价值体系做出反应，在行动上具有高度的自觉性、主动性和坚定性。

布置作业很重要的一个目的，就是通过教师精心设计的作业训练，让新的知识、新的思想方法、新的价值观念内化于心，丰富学生的精神世界，提升学生的文化判断力，让学生在遇到新情况、新问题时总有方法和路径去应对。因此，教师在设计作业时，也要借鉴态度形成的上述三个阶段的特点，重视认同和内化，充分发挥作业的效益。

重视内化的作业设计

借鉴态度形成过程的三个阶段，我认为，学生对某一新概念、新思维方式的学习，只有经历"感知—体验—经验"的历程，才有可能将它内化，变成自己的东西，指导后续的学习。

感知对应于依从阶段，是学生第一次接触新概念、新方法时对它产生的第一印象。体验对应于认同阶段，是学生在经过一定的实践之后，对新概念、新方法有了一定了解和认同，愿意用它来尝试解决具体问题。经验对应于内化阶段，是学生完全认可并把握了这些新概念、新方法的内涵，将它内化于自己的长时记忆之中，随时可以提取出来使用。"感知—体验—经验"的学习历程不仅适用于课堂教学，对课后作业的设计也很有指导意义。

案例 23.1 椭圆方程作业 [①]

1. 已知两个定点 F_1、F_2，且 $|F_1F_2|=4$，则到 F_1、F_2 的距离之和为 4 的点 M 的轨迹是（　　　）

　　A. 椭圆　　　　　　B. 线段　　　　　C. 圆　　　　　　　D. 无轨迹

2. 手工制作。找寻两个图钉、一段细线、一张白纸、一支铅笔。用两个图钉将细线的两端分别固定，然后将两个图钉固定在纸面上，测量出细线的长度、两个图钉之间的距离 $|F_1F_2|$。用铅笔作为动点，将细线绷直之后移动铅笔，看得到的是什么样的图形。由此讨论细线的长度、$|F_1F_2|$ 与所得图形之间的关系。

3. 依据椭圆方程，讨论第 1 题中四个选项成立的条件分别是什么。

一些数学教师不太重视概念教学。就拿椭圆这个概念来说，教材里白纸黑字已经写得很清楚了，还用加重的字体凸显了出来，因此教师认为学生只要读一读就明白了，没有必要讲很多，也没有必要在课后作业上花费很多时间。但事实并非如此，学生读到椭圆的定义，或者从黑板上看到教师将这个定义抄写了一遍，只是对这个概念有了一些感知。当教师忙着去讨论椭圆方程等问题时，学生对椭圆概念的认识最多只停留在感知阶段。如果学生后续学习的新知识比较多，新接触的椭圆概念或许很快就被遗忘了。

一位教师针对椭圆概念设计了上述一组作业。学生完成第 1 题的速度很快，但结果却不尽如人意，四个选项都有人选择。学生做完之后并没有觉得有什么不妥，接着开始做第 2 题。在学生动手做了第 2 题，并对细线的长度、两个定点的距离、所得图形的形状做了一番对比之后，发现：

当细线的长度 $>|F_1F_2|$ 时，轨迹为椭圆；

当细线的长度 $=|F_1F_2|$ 时，轨迹为线段 F_1F_2；

————————

① 此题为高一数学作业。

当细线的长度 $<|F_1F_2|$ 时，无轨迹。

这个时候，很多学生开始意识到自己在回答第 1 题时思考问题不够仔细，产生了"跟着感觉走，错误在拉你的手"的感叹，并对答案进行了修正。这就是一个很好的体验过程，这样的体验让学生对椭圆的概念及相关数值关系有了进一步的认知。教师的这一作业设计，特别强调动手实践和头脑风暴相互配合，让学生能够通过多种方式来体验同一概念，促进认识的深化，这是一个亮点。

第 3 题让学生再次回到最初的问题中，但有了一个新的变化，即要求学生写出椭圆方程，依据椭圆方程来分析每个选项成立的条件，强化了图形与条件之间的对应关系。从解决一个具体的问题到提炼出抽象的椭圆方程，是一个从体验到经验的过程，也是一个认识深化的过程。但是获得的经验是否可靠，还需要通过实践来加以验证。于是教师让学生再次回到第 1 题，对问题进行逆向分析，从满足答案的角度来改造几何方程。只有正确理解相关概念，这样分析才能顺利完成。

通过这样的作业练习，学生能够较为清晰地理解椭圆概念的三个要素：在同一个平面内；有两个定点 F_1、F_2；$2a>|F_1F_2|$（ a 为半长轴）。有了这样的作业历程，相信学生能够很好地建立椭圆的概念，明白线段、椭圆、圆等不同的曲线的方程的差异和联系，理解这些差异和联系对内化是非常关键的。

针对新概念的作业设计需要重视内化，教学生运用一些新的思维方式时，也需要给学生创设"感知—体验—经验"的作业历程，让学生逐渐熟悉新方法，善于模仿新思维方式，最终能够内化于心。

案例 23.2　物质的量相关问题的学习 [①]

1. 如图 23.1，将一个充满 HCl 气体的试管倒扣到一个盛有足量水的水

---

① 银媛琳. 布置"递进式"作业提高学生解决化学问题的能力 [J]. 广西教育，2016(12)：87-88.

槽中，我们可以看到试管中的水面慢慢上升，并且溶液最终充满了整个试管。假设溶液不从试管中向水槽中扩散，且实验是在标准状况下完成的，则试管中所得溶液的物质的量浓度为_____ mol/L。

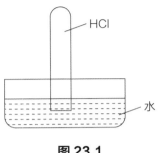

图 23.1

2. 将充满 NO_2 气体的试管倒扣到一个盛有水的水槽中，我们可以看到试管中的水面上升，液面应上升到试管的_____处。假设溶液不从试管中向水槽中扩散，实验是在标准状况下完成的，则试管中的溶液的物质的量浓度为_____ mol/L。

3. 在试管中充满 NO_2 与 O_2 的混合气体，已知 NO_2 与 O_2 的体积比为 4∶1。将试管倒扣到一个盛有足量水的水槽中。我们可以看到试管中的液面慢慢上升，并且溶液最终充满了整个试管。假设溶液不从试管中向水槽中扩散，实验是在标准状况下完成的，则试管中所得溶液的物质的量浓度为_____ mol/L。

我们在学习物质的量及其相关概念时，经常会接触到类似上述无数据作业题①。这类问题不太常见，对学生来说是新鲜事物，所以需要设计一组条件有变化、难度有所提升的递进式作业，让学生经历"感知—体验—经验"的过程，帮助学生把握此类问题的共性特征，将其内化为问题解决的

---

① 无数据作业题，即在作业题中没有给出数值，但最终要求学生的解答是有具体数值的。

具体方法和策略。

教师还可以由此拓展类似的作业设计，比如：将气体换成氨气、二氧化硫或者换成二氧化碳与氢氧化钠进行组合等方法设计成不同的实验；或设计成喷泉实验的形式，围绕浓度的计算及实验的操作等设置不同难度和角度的问题，从而形成递进作业。

24 作业要有序

秩序是教育教学工作的基本问题和核心问题。教学内容的选择、教学方法的实践、教学策略的调整等，所追求的目标之一，就是让教学更加有序，让学生更好地理解学习内容。诚如奥地利裔英国经济学家、1974 年诺贝尔经济学奖获得者弗里德里希·奥古斯特·冯·哈耶克（Friedrich August von Hayek）所言："在社会生活中，明显存在着一种秩序、一贯性和恒长性。如果不存在秩序、一贯性和恒长性的话，则任何人都不可能从事其事业，甚或不可能满足其最为基本的需求。"①

所谓秩序，简单地说，是指为规范主体行为、调适社会关系而建立的一整套规则体系。教学是在有序的基础上开展的教育实践活动，作业作为教学的基本环节之一，自然需要有良好的秩序。作业设计作为作业的起始环节，同样需要有相关的规则来规范教师的行为，以保证教师设计出来的作业能达到预期的教学效果。

逻辑关系要清晰

作业衔接着课堂教学，与课堂教学之间自然有着密不可分的逻辑关系；作业要巩固所学知识，还要遵循记忆的规律，自然就不能就事论事，要按照间隔学习法等基本逻辑来进行设计和编排；作业要承担课堂教学难以实现的课程目标，还要和课程标准之间建立内在的逻辑关系……我们在设计

---

① 哈耶克.自由秩序原理（上）[M].邓正来，译.北京：生活·读书·新知三联书店，1997: 199-200.

作业时，如果不把这些逻辑关系弄清楚，作业的效益就有可能大打折扣。

案例 24.1　习题课的"三环节"

环节 1：讲解最近学到的一些概念，分析概念的内涵和外延。

环节 2：剖析典型习题。选择一些教师认为比较典型的问题，进行讲解和分析。

环节 3：布置作业，让学生课后进行练习。

这是我在平时的听课活动中，帮助教师梳理出来的习题课的"三环节"。很多教师都是按照这样的环节来上课的。我发现，上述三环节普遍缺少逻辑关系。

教师在第一环节中复习了近期学习的相关知识和概念，并通过流程图、思维导图等进行了系统性回顾，看上去分析得头头是道。然而此前复习的知识和概念，有一部分并没有出现在第二环节典型习题的分析中。为什么第一环节复习的知识，没有在第二环节出现呢？另外，第二环节中经常出现的情况是不同习题之间没有内在的联系，搞得学生一头雾水。第三环节是布置作业，教师往往是要求学生将购买的教辅材料上的大量作业按期完成。有相当一部分教师已经很长时间没有编制过作业，布置给学生的作业都是他人编制的成套练习题，跟教师的教学思路肯定是不一样的，由此造成讲练脱节，虽然学生做了很多作业，但成效有限。

缺乏作业设计，将教辅材料作为作业，使得教学和作业两个环节的逻辑关系断裂，造成讲练脱节。这样做还有一个重要的问题，即教辅材料往往题量比较大，教师时间有限不能全部批阅，要么让学生之间互相批改，要么公布答案让学生自己去对答案。那些做错了的学生，看着自己的答案不对，又抄写了一遍正确答案，其实并不真的明白。而教师因为没有时间批阅学生的作业，对其错误特点就不太了解，也无法做出有针对性的补救措施。时间长了，学生学习中的障碍点会越来越多，对学科学习的信心也会越来越低。

教辅材料还存在着一个很大的问题，就是粗制滥造，把一堆与这个知识点相关的习题堆砌在一起就算完成了。有的编者为了体现自己所编习题的权威性，搜集了历年的中考、高考试题和模拟题，汇成了一锅"大杂烩"。低年级的学生大都是刚刚学习新知识，对这些知识与其他知识之间的联系了解甚少，对知识的综合应用还缺乏基础。这样的作业对学生思维水平的要求过高，缺乏有序性、逻辑性和条理性。

每节课结束之后要综合课程标准的要求、教学实际的状况以及学生所具备的知识基础，教师要给学生设计符合他们学习需求的作业题。作业题太少不行，太多就会变成机械刷题，要控制在适度范围内。教师需要对相关的因素做出综合考量，把内在的逻辑关系考虑清楚，不能看到有不少题目，觉得都不错，难以割舍，就一股脑儿地都交给学生去做。

时间安排要合理

作业的设计，既包含对内容的构想，也包含时间上的安排。即便是精心设计的作业，如果没有关注到时间维度上的秩序，学生在具体实施的过程中也会顾此失彼，使作业的效果大打折扣。

作业的时间秩序通常体现在以下几个方面。

一是完成作业预期的时间。虽然说每个学生的学习能力大小是有差异的，完成作业的速度有快有慢，不能用一把尺子来衡量，但教师在设计作业时，根据大部分人完成作业所需要的时间，对作业完成时间做一些基本的预设并告知学生，还是很有必要的。学生既可以据此来判断自己作业的进程，学着加强时间管理，也可以从中发现自己在哪些方面的学习还存在薄弱环节，及时查漏补缺。

二是作业类型的有序安排。教师设计的作业，有的是纸笔性质的，学生回家后自主完成即可；有的是实践性的，学生需要借用相关的资源和设备，需要他人的帮助和支持。实践性的作业涉及与方方面面人员的沟通和协调，受相关资源使用时段等的限制。教师在设计作业时，需要考虑多种因素，并在作业引导中给学生提出明确的时间要求、作业顺序要求，防止学生因缺乏时间观念而无法完成作业。

案例 24.2　折线统计图

在学习折线统计图之前，教师给学生布置了一项作业：每天 19:30 观看中央电视台的天气预报节目，选择两个相距比较远的省会城市，记录这两个城市一周内的最高气温和最低气温，并填到统计表中。

课堂上，学生以自己统计的数据为素材，绘制某一城市的最高气温折线图，从中理解折线图的含义。教师让学生比较不同城市最高气温折线图之间的差异，说明某城市气温变化的特点。学生统计出来的这些数据，可以有多种用途，比如可以用于最高气温和最低气温、不同纬度气温的特点比较等。

学生要想顺利完成这项作业，就要有时间管理意识，在每天固定的时间打开电视机，观看天气预报，并做好相关数据的记录。

三是家庭作业的有序指导。学生每天要学习多门功课，需要在各门课程之间不断地变换频道。在课堂上所学的新知识、新概念，学生当时觉得理解了，但因为后续还要学习其他课程，没有时间及时巩固，等回到家里想要做作业时，常会发现自己遗忘了很多，没有理解的内容也有很多。在这样的状态下直接去做作业，不仅效果不好，还会浪费时间。教师要通过家长和学生达成共识，在做作业前先复习所学内容，对课堂学习的内容有了基本的把握之后再动笔。教师也要有意识地鼓励学生做作业前先进行复习，帮助学生养成良好的作业习惯。

思维要有序

思维要有序是指思考和解决作业问题时要遵循一定的顺序、按照特定的线索和步骤去探索。我们做事时如果能遵循一定程序和规律，就会比较有条理，可以确保在实践的过程中不会出现思维混乱。

如果我们面对的是具有一定开放性的问题，思维的有序性就更加重要了，它可以帮助学生避免盲目或纯凭经验的探索，明晰解决问题的路径和方法。

案例 24.3   文字组合题

"口"和"木"可以组成几个汉字?

学生在遇到此类问题时,最常见的做法是根据自己的记忆,来找寻那些与"口""木"的组合有关的汉字。这种思维就是无序的,常常会因为不能有效提取记忆而造成回答不够全面。

思维有序的学生会这样思考两个汉字组合在一起形成一个新的汉字,其基本的规则是:上下、左右、内外。根据这一规则,把"口"和"木"一一对应,就会发现可以组成的汉字有:呆、杏、咻、困、束,共5个。(在左右结构中,"木"在左、"口"在右构成的汉字是不存在的。)

案例 24.4   将示意图转化为文字

请把图 24.1 关于思维导图的示意图转写成一段文字,要求内容完整,表述准确,语言连贯,不超过 90 个字。

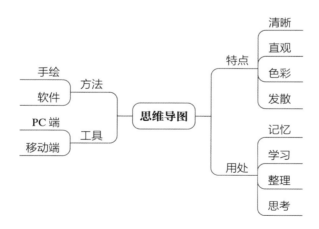

图 24.1   关于思维导图的示意图

将信息从图示的方式转化为文字描述,就涉及对图示信息的观察、提取以及语言的有序组织。案例 24.4 是一道开放性作业题,学生可以以"工具—方法—特点—用处"为线索来组织语言,也可以从"特点—用处—工具—方法"的视角来组织语言,当然还可以有其他思路。不管采用怎样的思路，都要强调不能遗漏信息，语言要连贯。这背后体现的就是思维的有序性。

有学生这样答题："思维导图通过手绘或利用 PC 端、移动端工具以软件方式制成，具有清晰、直观、色彩鲜明、思维发散等特点，方便我们整理并记忆知识点，学习并思考知识架构。"这个答案将思维导图中所呈现的所有信息都包含在内，而且还有一些自己的思考和创造，文字也比较简明，是一份优秀的答案。

还有学生这样答题："通过手绘或软件绘制而成的思维导图可以帮助我们记忆、学习、整理和思考，更清晰、直观、有色彩地发散思维。人们使用思维导图时，常借助 PC 端、移动端两种工具。"这段文字虽然没有遗漏图中所给的相关信息，但在组织语言时，对思维导图特点的描述不够准确，写成了"更清晰、直观、有色彩地发散思维"，曲解了思维导图的基本特点。文中两次出现"思维导图"，反映出语言还不够简练，思维的有序性尚需进一步加强。

作业的有序性不仅仅局限于上述三个方面。作业的目标、结构、难易度以及评估等，都需要我们从有序性的视角加以审视。前面对此已经有不少讨论，这里不再展开。

25 着力促进思维能力的提升

以新课程、新教材（"双新"）为标志的新一轮课程教学改革，正在我国基础教育领域如火如荼地进行着。改革的目标非常清晰，即坚持立德树人，落实育人为本，遵循教育规律和学生成长规律，把科学的质量观落实到教育教学全过程，夯实学生成长基础，满足学生不同的学习需要，着眼于提高学生综合素质，着力发展其核心素养。

课程教学改革重塑着教师的教育理念，促使学校在教育内容、教学方式、师生关系等诸多方面进行内源性的变革。把培养学生的思维能力作为教学实践活动的核心，越来越成为各方的共识。大家十分清晰地认识到，每一种素养的培育都需要通过学生自身的思考和实践来完成，没有思维就没有学习。促进学生思维能力的提升，应贯穿在整个教学活动的全过程之中。学生思维能力的提升，离不开对教学内容的巧妙设计与精心安排，更离不开作业与教学环节的相互响应。下面通过一个具体的案例来说明。

案例 25.1 相似三角形复习课

有一次，我在一位数学教师的课堂上，听了有关相似三角形内容的复习课，留下了非常深刻的印象。这节课由如下几个环节组成。

环节一：相似三角形的基本模型。

教师给出如图 25.1 所示的两个基本模型，并告诉学生，最常见的相似三角形都是由这两个基本模型及其变形得到的。一个是 A 字形，一个是 8 字形。

学生对这两个模型还是非常熟悉的，教师用字母表示出点的位置、线段之后，

图25.1

学生很方便就将图中的相似关系、相似比等弄清楚了。

在此基础上，教师从图 25.1 的 A 字形模型的顶点画出一条直线，一直延伸到底部，在 8 字形模型上添加了一条过中间交点、连接上下两个底面的直线，让学生分析在新的图形中，存在几组相似三角形，有几对相似比。

学生对此进行了分析和回答。

环节二：试题分析（一）。

有了前面的讨论做铺垫，教师给学生布置了如图 25.2 所示的一道试题：已知 D 是 BC 边的中点，$AG /\!/ BC$，要求证明 $EG/ED=GF/FD$。

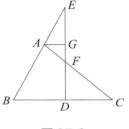

图 25.2

学生拿到题目后就要动手去做，教师提醒大家先别着急动手，仔细观察这个图形有怎样的特点。学生很快意识到：这是一个由 A 字形和 8 字形两个基本模型组成的复合图形，而且 AG 是连接两个基本模型的纽带。明白了这些，学生的思路就清晰了：先找 A 字形的相似三角形，确定它们线段之间的相似比，再找 8 字形的相似三角形，确定线段之间的相似比，然后联立方程，就可以证明公式。教师在学生讨论求解的基础上，让学生上台板书自己的求解过程，教师引导大家进行分析，并归纳出解决问题的基本思路。

学生有了分析此类问题的基本思路之后，教师又先后给学生出示了两个问题，见图 25.3。虽然看上去和上面一题有很大差异，但仔细分析就会发现，它们其实还是两个基本模型的组合。当学生用先前教师介绍的基本分析思路完成这两个问题的解答时，喜悦之情顿时涌上心头。

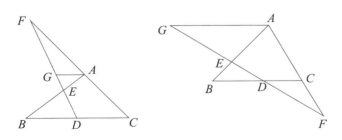

图 25.3

环节三：试题分析（二）。

在学生感到自信满满时，教师给出了这样一个问题：如图 25.4，D 是 AC 边的中点，要求证明 $AE/EB=CF/BF$。

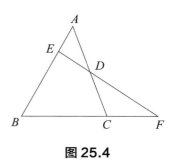

图 25.4

面对这样的问题，学生发现遇到麻烦了。问题情境中既没有自己熟悉的 A 字形，也没有 8 字形，两个基本模型都用不上。学生一下子觉得有点束手无策了。

这时，一些反应比较快的学生提出，可以添加一条辅助线，比如过 E 点添加一条平行于 BF 的线段，与 AC 相交于点 G，这样，就又回到两个基本模型组合，有可能用它们的相似比来解决问题了。

教师充分肯定了同学们的思考，并接着引导：按照问题条件，过 E 点添加辅助线可行吗？在什么位置添加辅助线更有利于问题的解决呢？同学们在相互讨论中慢慢达成了共识，问题也得到了解决。

紧接着，教师又给出了图 25.5 所示的问题：已知 $DE/DC=AB/BC$，求证 $FA=FE$。

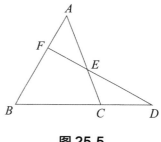

图 25.5

有了前面添加辅助线问题的讨论，学生现在明白解决问题的基本思路了。他们探寻在何处添加辅助线更为合适，并很快解决了这一问题。

环节四：小结。

教师做的总结也很简练：解决相似三角形的问题，最基础的知识是两个基本模型，我们要明确它们的相似关系以及相似比；有一类相似三角形的综合性问题，是由两个基本模型的组合变化来的，只要回归两个基本模型，就可以解决问题；在这类问题中，思维层次比较高的相似三角形问题，需要添加一条辅助线，将其变成两个基本模型的组合问题，以解决问题。

环节五：课后作业。

1. 在一节数学活动课上，教师让同学们到操场上测量旗杆的高度，然后回来交流各自的测量方法。小芳的测量方法是：拿一根高 3.5 米的竹竿直立在离旗杆 27 米的 C 处，如图 25.6，然后沿 BC 方向走到 D 处，这时目测

旗杆顶部 A 与竹竿顶部 E 恰好在同一直线上，又测得 C、D 两点的距离为 3 米，小芳的身高为 1.5 米，这样便可知道旗杆的高。你认为这种测量方法是否可行？请说明理由。

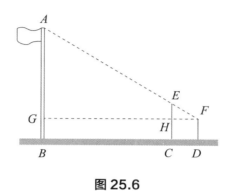

图 25.6

2. 如图 25.7，梯形 $ABCD$ 中，$AB /\!/ CD$，点 F 在 BC 上，连 DF 与 AB 的延长线交于点 G。

（1）求证：$\triangle CDF \backsim \triangle BGF$；

（2）当 F 是 BC 边的中点时，过 F 作 $EF /\!/ CD$ 交 AD 于点 E，若 $AB =$ 6cm，$EF = 4$cm，求 CD 的长。

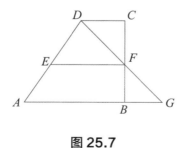

图 25.7

3. 如图 25.8，$AD /\!/ EG /\!/ BC$，$AD = 6$，$BC = 9$，$AE：AB = 2：3$，求 GF 的长。

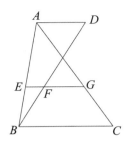

图 25.8

4. 如图 25.9，D 是 $\triangle ABC$ 的 BC 边上的点，$BD:DC=2:1$，E 是 AD 边的中点，求 $BE:EF$ 的值。

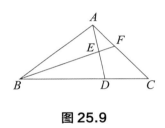

图 25.9

这节课有很多可圈可点之处，这里简要分析如下。

第一，教师很好地把握了认知心理学中工作记忆的通道容量有限，给学生提供的重要信息一般不要超过五个的原则。在这节课中，教师给学生的重要信息只有三个：两个基本模型，两个基本模型的组合，添加辅助线。在信息少且主题聚焦的情况下，学生在学习的过程中能够始终把握主要矛盾，有利于知识的记忆和掌握。

第二，教师非常注重对学生分析问题基本思路的训练，每一道试题都强调要按照基本思路来进行分析求解，并且在讨论过程中，不断完善复杂问题的解题思路，让学生在实际训练中熟练运用基本思路，体现了思维的有序性。

第三，为了让学生将重要题型（见环节二）的分析思路理解透彻，教师在这个地方先后列举了三个问题。列举这三个问题都是有目的的，第一个问题让学生产生对该问题的感知，初步学习用基本思路解决问题；第二个问题让学生进一步体验用基本思路解决问题的严谨性和思维的流畅性；第三个问题让学生深化认识，形成经验。当学生有了发自内心的感悟时，知识就开始内化了。分析问题的基本思路不可能一蹴而就，一定是不断训练、不断深化的过程。教师在这方面显得非常用心。

第四，教学的主要目的是促进高层次思维的形成和深化。本节课的前三个环节，展现出了非常清晰、逐级提升的思维水平，如果说两个基本模型是低阶思维，属于基础性的思维要求的话，组合的问题就已经进入到高阶思维的层面了，而添加辅助线无疑又提升了思维层级，体现了创新思维的一些特质。

第五，教师的作业设计紧紧呼应课堂教学内容，依然是从基本模型出发，让学生经历组合、添加辅助线的学习历程，体现了作业设计对思维层级的关照。教与学、课堂学习与课后作业有着充分的呼应，无论是在学校还是在家庭环境下学习，学生思维的方式始终具有内在的一致性和连贯性。

无论是思维能力训练，还是学生的素养培育，都是建立在牢固可靠的思维习惯基础之上的。学生将这些基础夯实了，在灵活运用知识解决实际问题的过程中才能如鱼得水，灵活自如。着力促进思维的提升，是一个系统工程，作业和教学有序衔接是关键。

26 合理安排分层和分类作业的切入点

面对学生之间的差异，一些学校在作业设计上的做法是将学生按学习成绩分为好、中、差三个层级，给他们分别设置难度不一的作业任务，并美其名曰"因材施教"。这些学校试图关注学生之间的差异，并依据差异给学生提供学习任务，但按照学习成绩为学生分层设置作业的做法是不可取的，往往会适得其反。日本教育家佐藤学曾研究这种根据学生成绩布置分层作业的方式产生的影响，发现在"好"生的群体中，约有一半的学生因为分层而进步了，另外一半左右没有明显的进步；而"中"生群体和"差"生群体的学习成绩并没有提升，反而有退步，结果当然是学校整体的教育质量退步了。

如果对学生的差异做详细的考察和研究，就会发现绝大部分的差异并非因为学生的智力问题或对学科知识理解的偏差导致。因此，按照学习成绩将学生分层明显不合理。

分层设计作业

作业是可以分层的。作业的分层有两种思路可以探索。

一是教师根据课程标准的要求，将每天的作业设计成两个层级。一个层级是基础性作业。这是依据课程标准的要求而给学生设计的作业。学生能独立完成这些作业，即意味着达标。另一个层级是拓展性作业。这是为那些不满足于课程标准的底线要求且对学科学习有更高追求的学生设计的。世界著名教育心理学家霍华德·加德纳（Howard Gardner）的多元智能理论告诉我们，每个人都有不同的优势智能。拓展性作业能更好地促进学生的优势智能发展。

课程标准明晰了国家课程的底线要求，是学生成长和今后发展的基础，这是必须要保证的；"立德树人"的根本任务，也是学校教育必须要完成的，体现在教育教学的全过程中，来不得半点马虎。基础性作业，就是服务于上述要求的。为了实现学生全面可持续的发展，教师要以学生的身心特征和兴趣爱好为基础，引导学生做出切合实际的判断和选择，这就是拓展性作业的价值所在了。基于目前各学校的教育教学实际，这样的作业设计思路相对而言比较容易操作。

　　二是教师依据学生的学习能力和发展需求，给学生创设不同层级的课程，让学生选择相应层级的课程学习。即便是同一个班级的学生，上的是名称相同的课，但分层之后课程的目标不一样，课程的内容不相同，教学的方式有差异，作业的设计更有针对性，可以用不同的"尺子"来考核衡量。这样的作业分层，是在课程整体设计框架下的自然选择。选修不同层级课程的学生，做与本层级相适应的作业，作业的目标、内容、实施要求等会有明显的差异。

　　将作业的分层设计放在学校课程建设的大背景下来通盘考虑，是"因材施教"的生动体现，也对学校和教师提出了更高的要求。从学校的层面来看，学校需要改变过去"教教材"的传统做法，让教师充分认识到国家课程校本化实施的重要性，把每个孩子充满个性又有健康的发展作为行动的指南。学校需要充分把握学生的学习需求，为他们设置更多的学科功能性教室，同时改变过去一刀切的教学管理模式，让选课走班成为常态。从教师的层面来看，首先要充分关注到学生在学科学习上的差异。教师应意识到有的学生已经具备了更高学段的知识水平，有的学生尚处在入门阶段；有的学生对学科有浓郁的兴趣，充满着探究的渴望，有的学生并不愿意在这方面花费很多时间，而是对其他事情更感兴趣。其次要根据学生的这些差异将课程内容按教学深度和广度分为不同的层次，为学生提供个性化的选择。分层的核心是重新设计教学内容，是对知识体系的重新认识和整合，而不是对内容难易、深浅、多少、快慢的区分。再次要编制每一个层级的具体标准、教材，设计与之配套的作业，并明晰该层级的过程性评价、终结性评价的具体方案，让授课教师、学生都做到心中有数。

案例 26.1　北京十一学校的高中数学课程设置 [①]

以高中数学为例，学校设置了数学 I、数学 II、数学 III 三个层次的课程。其中数学 I 是为将来升入大学后准备选择人文社科、语言、法律、经济、商科、农林、中医、艺术、教育、心理等专业方向的学生以及有出国留学意愿的学生开设的。它立足于普通高中数学课程标准，包括国家必修和选修 I 的内容，满足国家统一高考的要求。数学 II 主要针对准备选学金融、工程、矿业、师范等专业的学生。它将普通高中数学必修和选修 I 课程进行整合，在课程标准的基础上略有拓展。数学 III 是为喜欢数学，并且自主学习能力强，善于独立思考，准备选学计算机、信息学、数学、物理等专业的学生开设的。它在数学 II 的基础上进行了拓展和加深，与大学数学的内容有一定衔接，为学生参加自主招生考试、数学竞赛做准备。此外，学校还为喜爱数学且学有余力的学生开设了微分、积分、线性代数等大学先修课程。学生进入高中即开始选择分层课程，在学习过程中可以根据实际情况进行调层。

由数学的分层课程可以看出此类课程的设计思路。

首先，分层课程尊重学生的未来发展方向。学生对分层课程的选择是由未来学习的专业方向决定的，适合自己的才是最好的，因此选择数学 I 的学生不会觉得低人一等。同时学生会在一次次的选择中不断明晰自己的发展方向。

其次，不同层级的课程学习方式不同。虽然不同层级的课程目标和课程内容不同，但是其课时和学生的学习时间是相同的，这就意味着选择不同层级的课程，学生的学习方式会有很大差异。有的课程是学生在教师带领下通过讲练结合的方式展开学习，有的课程以小组合作学习为主要学习方式，有的课程以课题研究的方式展开。总之，越是层级高的课程，越要求选修的学生有较强的规划能力和自主学习能力。

再次，不同课程的难度、深度不同。由于不同层级的课程与不同的大

① 王春易.分层、分类、综合、特需：构建可选择的学校课程体系 [J].中小学管理，2019(05): 35.

学专业对接，所以课程难度和深度自然有极大差异，对学生的学习基础和学习能力也有不同的要求。对于高层级课程的选择，学校会安排风险排查，帮助学生理性选择。

北京十一学校分层课程的教材是学校教师自己编写的，是在课程标准以及人民教育出版社版本教材的基础上，根据学生的不同方向的选择精心编制的。基于这样的分层课程，作业的分层也就顺理成章，成为很自然的事情了。

分类设计作业

某项作业能否分层，往往与作业本身涉及的思维层级、思维的复杂程度以及知识的难易程度等有关。通常数学、物理、化学、生物等学科的知识，具有前后关联紧密、逻辑性强，难度呈现螺旋式递增等特点，比较适合分层设计作业的方式。

学生在学习的过程中，还存在着其他需求。有的学生对学科的某一部分表现出浓郁的兴趣，希望在这方面进行更加深入的探索。比如：有的学生对写作有着特别的兴趣，希望语文教师在正常的教学任务之外，能够就写作开设专门的讲座、课程或给他们设计特别的作业；有的学生特别喜欢在实验室里做一些自主探究，希望理科教师开放实验室、提供相关的设备并给予指导；等等。有的学生在学科某一部分的学习中碰到了困难，需要有特别的作业设计帮助他们排忧解难。比如现在不少城市学校的班级中都有一定数量的外来务工人员子女，由于他们来自不同的地域，在部分字词的发音上会有明显的差异。为了让他们都能说出一口流利的普通话、英语，语文、英语学科的教师需要给他们设计专项作业，帮助他们进行发音矫正。

这样的作业设计与分层作业有明显的区别，是一种分类作业。分类作业更多地体现为一种横向的志趣差异，在思维的层级、复杂性以及知识的难易度等方面并没有明显区别。分类作业指向学生在学科学习的不同方向上的实际需求，同样是为了促进学生个性化而又全面地成长。

需要注意的是，分层作业与分类作业不是对立的关系，而是互相融通、相互关联的。即便将某一门国家课程细分为若干个不同层级的课程让学生选择，选了同一层级课程的学生同样还是会对该课程的某些方面表现出特别的兴趣，所以在分层的基础上我们还需要分类，相应的作业设计也是如此。反过来，选择了某一类课程的学生，他们的学习基础也可能存在着巨大差异，或许我们仍需要根据实际情况把他们分成若干层，采取不同的教学方式来组织教学，给他们设计各不相同的作业。层中有类、类中含层，这不仅应体现在课程设计上，同样也应体现在作业设计上，其根本目的是通过对学生群体的精细研究，为不同类型学生的更好发展提供更有针对性的学习资源。

学生之间的差异也常表现在学习风格上。美国圣约翰大学的丽塔·邓恩（Rita Dunn）和肯尼思·邓恩（Kenneth Dunn）提出了学习风格的五种分类，分别是听觉型、视觉型、触觉型、动觉型和触觉/动觉型。根据学生的学习风格来设计作业，也是一个很好的分类设计作业的视角。

案例 26.2　以神舟十四号载人飞船顺利返回地球为背景，自主选择一个问题来回答。

1. 仿照《天上的街市》的结构，以神舟十四号为对象，发挥想象，创作一首现代诗。诗歌至少要有四节，每节至少有四句，字数不限；可以一韵到底，也可以换韵。

2. 选择神舟十四号三个航天员的某个视角，用 A4 纸制作一幅手抄报，可以绘画，也可以剪贴。

3. 用折纸的方式动手制作神舟十四号返回过程中的轨道舱、返回舱、推进舱，说明各自的工作原理。

4. 查找资料，了解神舟十四号从推进舱分离到落地分为几个阶段以及所用的时间，计算每个阶段的运行速度，并和现实生活中某种交通工具的速度加以比较。

5. 自行组织一个小组，创编一出舞台剧，将航天员在空间站的相关活动以及返回地球的过程加以艺术化地再现。要求明确每个人的分工。

需要注意的是，虽然人们对加德纳的多元智能理论、邓恩夫妇的"学习风格"理论认同度比较高，但到目前为止，科学家尚未找到可靠的方法将不同类型的智能、不同的学习风格有效地测量出来。换句话说，它们还缺少实证研究的支持。所以，我们在设计作业时要谨慎，不要轻易地将某一道作业与某种智能、某种学习风格相对应，以免引起争议。另外，即便教师能够较为清晰地感知到某一位学生的某些强势智能、某种突出的学习风格，也要避免专门为他设计某种固定类型的作业和学习方式，还是要设法促进学生的各类智能、各种学习风格的协调发展。

27 发挥长周期作业的效能

类型单一，是导致作业比较枯燥、不受学生喜爱的原因之一。改变作业单调乏味的途径很多，给学生布置长周期作业，让学生在一段时间内围绕某一主题开展学习和思考，就是其中的途径之一。

长周期作业的特点及类型

长周期作业是以真实性任务为主要形式，需要学生在一段较长的时间内持续关注并完成的作业。这类作业通常具有如下几个特点。

一是和传统的家庭作业相比，长周期作业花费的时间比较长，学生学习的地点也更多样。学生可能需要几个小时的时间聚焦在这个问题上，也可能需要几天甚至几个月的时间做连续的观察和研究。比如学生栽培各种植物，观察、记录它们生长特点的作业就属于长周期作业。

二是聚焦于学科中的某一核心概念，注重知识的相互联系和学以致用。学生在一段时间内聚焦学科中的某一核心概念，巧用间隔学习法，让核心概念不断重现，并加强与相关知识的联系，这有利于核心概念在大脑中的存储和提取。

三是长周期作业需要持续一段时间，实施的方式也具有多样性，这给学生的意志品质带来不小的挑战。学生原本就不太习惯于长周期去关注一件事情，再加上平时的作业以"速战速决"为主，学生已经养成了当天作业当天完成的习惯。另外长周期作业有一定开放性，学生需要面对的挑战较多，可能要用到多样化的方法，需不断努力才能完成，这会给学生带来不少压力。

基于上述三个特点，设计与实施长周期作业时，教师需要有更加细致的思考。

方臻、夏雪梅编著的《作业设计：基于学生心理机制的学习反馈》一书，依据长周期作业的特点和目的，把长周期作业分为以下三种类型。

第一种是积累型长周期作业。即通过一段时间的积累，让学生从量变到质变，把对某一知识的认识提升到一个新的高度。观察种子的生长、记录并分析一段时间内本地的气候变化特点等，都是积累型长周期作业的典型事例。需要注意的是，若教师每天坚持让学生做摘抄，将它变成一种例行的任务，学生只是机械地加以执行，并不是好的长周期作业。

第二种是探究型长周期作业。探究型长周期作业是指学生就某一个感兴趣的问题，通过文献综述、问卷访谈、科学实验、实证研究等不同的途径加以探究，分析从中获得的相关信息，找寻问题的答案。探究型长周期作业是教师设计得比较多的长周期作业类型，师生都有一定的经验。推进这种类型长周期作业的关键是课题资源的开发和利用。特别是学生开展课题研究需要的专用设备、需要查阅的专业文献、需要访谈的专业人士等，都是师生需要提前做好准备的。

第三种是表现型长周期作业。这类长周期作业涉及的范围很广泛，比如身体技巧类的展示、作品制作、戏剧表演、音乐与绘画等才能的展示等。表现型长周期作业在学校各类课程中都可以实施，在跨学科领域运用得更多，重在彰显学生的个性，涵养学生的想象力、自我表现力和自信心。

长周期作业的设计流程

长周期作业往往通过一个持续性的任务，引导学生在真实情境中灵活运用所学知识，着力强化知识之间的内在联系，让学生形成对事物的新认识，促进思维水平的提升。在具体设计的过程中，需要遵循一定的流程和规范。

○ 聚焦核心概念

核心概念指的是在学科、学习领域中处于中心地位的知识，它与学科或学习领域的其他部分存在着明显的逻辑性、结构化的联系，是超越具体知识本身的具有持久价值和迁移价值的关键性概念、原理或方法。因为核心概念能够很好地展现学科或者学习领域的逻辑结构，可以将与之相关的大量事实和其他概念有机地联系起来，所以基于核心概念的学习，有利于学生将所学的知识融会贯通，形成知识的框架和结构，有利于学生站在一个更高的层面上看待所学知识，扩展学生的知识视野和思维层级。像生态系统、物质与能量、遗传和进化、力和运动、宇宙的起源和演化等，都是学生应该重点把握的核心概念，也是长周期作业设计的出发点。

○ 设计有挑战性的问题

问题有两种类型，一类叫作标准性问题。其特点是问题的现实情境是明晰的，要实现的目标是清晰的，学生知晓从现实到目标所应采取的原理或方法，只要按照此类问题的解题思路按部就班去做，就能得出最终的结果，实现预期目标。教师平时给学生设计的家庭作业基本上都是这种类型。另一类叫探索性问题。其特点是问题的现实情境是清楚的，但要么目标清晰方法不清晰，要么目标和方法都不清晰。这类问题往往具有挑战性，需要学生在不断尝试、不断试错的过程中，逐渐明晰目标以及应采取的解决方法。长周期作业的设计，要聚焦于此类探索性问题。

○ 合理安排实践活动的时间和内容

教师可以依据挑战性问题所需要动用的各种资源、实践探索大致需要的时间、学生平时能够自由安排的时间等，对学生的实践活动做出结构性的安排。教师可将整个长周期作业分解成若干个阶段，要求学生在每个阶段完成一定的具体任务，要求学生有团队合作的具体内容，并在规定的时间内提交相应的探索实践成果，便于整体把控作业进度。

○ 不断完善方案

因为探究性问题存在着不确定性，学生在启动长周期作业学习之初，教师要指导学生进行作业方案的设计，依据问题情境，预计长周期作业的最终结果，以及在实施过程中准备采取的探究思路和研究方法。这可以保证学生在实践探索的过程中不会偏离大的方向。在具体实施的过程中，学生必定会遇到这样或那样的困难，为了克服这些困难，师生会对方案做出调整，这些都是长周期作业成果的重要组成部分，教师要及时记录和整理方案的调整情况。

◌ 制定评价标准

长周期作业的评价以过程性评价为主，兼顾结果评价，突出学生在长周期作业实施过程中的现实表现。在评价的过程中，我们还要突出学生的自我评价和同伴之间的相互评价，让评价成为学生反思自身学习得失、促进自己更好成长的过程。教师要让学生意识到，长周期作业涉及的研究思路和方法将延续到自己未来的生活中，并且极有可能会影响自己对新知识的探索和获取，从而进一步影响自己未来的发展道路。

案例 27.1　自制小火炮 [①]

找一个装胶卷的塑料小圆筒，是盖子可以扣入圆筒内部的那种。在小圆桶里放上一粒胃药，倒入一点水，然后塞好盖子。倒过来，将小圆桶滑入一根 PVC 塑胶管中，让塑胶管以 45° 倾斜放置。不一会儿，一声爆炸，小圆桶飞起，像一个炮弹一样飞出去了。

要求：

1. 弄清小圆筒的飞行距离和药片的数量、水的多少、温度等有什么关系。

2. 给出一个关系式，能够计算小圆筒飞行的距离，不管药片、水以及温度如何变化，都能计算出结果来。

3. 在电脑里做一个模型，其依据不是实验的数据，而是物理学、空气动力学等的基本原理。模型要显示圆筒内部发生的情况，以千分之一秒为单位，从盖子关上到小圆筒着地为止。编制出的这个模型，要能够预测在不同"燃料"的情况下，小圆筒的落地点。电脑模拟的落地点要和实验做出来的落地点结果相一致。

---

① 休姆斯.美国最好的中学是怎样的：惠尼中学成长纪实 [M]. 王正林、王权，译.北京：中国青年出版社，2009: 216-218.

4.用六周的时间完成本次作业。每周需提交一次进度报告。

评价方法：以 PPT 的形式报告自己的模型、公式和实验；然后进行实际操作，让小圆筒击中指定的目标；有三次机会，只要有一次击中即可。

上述长周期作业案例，聚焦抛体运动这一核心概念，要求学生联系此前所学的运动学、流体动力学的相关知识以及编程设计等知识，从数据模拟、实物展示两个维度来综合运用所学知识。设计的问题不仅具有挑战性，还要求学生团队要学会时间管理，妥善安排长、短作业来保证在规定的时间内不间断地开展探索和研究，并不断优化方案，以便向着规定的目标靠近。作业的评价标准清晰、具体，有利于学生依据评价标准不断修改和完善作业方案。上述长周期作业设计流程的五个要素，在本案例中都有体现。

长周期作业的设计策略

1977 年，社会学习理论的创始人、美国当代著名的心理学家阿尔伯特·班杜拉（Albert Bandura）从社会学习的观点出发，提出了一个非常重要的理论——自我效能理论，用以解释在特殊情境下动机产生的原因。该理论指出，学习动机、完成任务的信心与学习者的自我效能感有关。面对一项任务时，学习者会结合自身的状况对能否完成该任务加以推测或判断，对自身能力进行一种主观上的评估。如果学习者认为自己可以比较好地管理和控制学习中的选择，对完成该学习任务有较大的信心，就会产生较强的学习动机，并监控自己按照既定的计划落实各项活动，在规定的时间内完成学习任务。

要有效落实长周期作业，关键就在于提升学生的自我效能感。具体来看，可以从以下几个方面入手。

一是增加成功的经历。教师给学生布置长周期作业，要循序渐进。开始的时候任务要简单，作业完成的时间也不能太长，让学生能够比较顺利地完成，获得成功的心理体验。然后教师可以慢慢地增加长周期作业的难度，不能够一步到位，一蹴而就，要先易后难，先让学生做自己力所能及的事，因为成功的概率高，会让学生对自己充满信心，自我效能感也会因此提升。

二是给予充分的支持。这样的支持涉及作业可能触及的领域。比如帮助学生正确使用各种媒体，包括互联网、书籍、报纸等。现在的学生是数字时代的"原住民"。教师要引导学生明白如何与数字资源互动，如何研究和获取知识；了解新知识是如何产生的，由谁生成；明白自己在数字资源中生成和发现的知识有什么意义。教师要安排学生与图书馆的互动和对话，让学生熟悉图书馆所提供的各种工具，以便在需要的时候能够知道如何查询资料，如何获得所需要的资料。比如教师要花些时间引导学生做一些针对长周期作业的研究技能训练，确保学生在开始做实际工作之前已经掌握相关技能。比如教师要从最广泛的意义上引导学生考虑研究技能，让学生明白通过网络和书籍等途径获得的都是二手资料，而通过问卷调查和访谈可以获取他们自己的一手数据。

三是加强对过程的监控。长周期作业因为需要一段时间才能完成，所以给教师的监控提供了可能。教师可以要求学生每天或者每周汇报作业实施的进展，及时了解目前开展的状况，发现好的经验时可以让学生互相交流，互相借鉴；发现有明显的滞后现象时，要及时跟进了解，提供必要的帮助，让学生能够跟上。经验的介绍和及时的帮助，都有助于提升学生完成任务的自我效能。

四是促进团队间的合作。学习是一种知识建构的过程。学生在学习的过程中获得新的观点和经验，并在试图理解它们的过程中将它们与旧的观念和经验建立联系。如果学生经常与他人合作，包括交谈、讨论和寻求建构知识等，就能够更好地促进经验的增长和新的知识结构的建立，将新的知识创造出来。在联结主义 ① 看来，知识和学习也是群体相互作用的产物——学习者通过与他人建立起联系和网络来促进自我学习。

---

① 20世纪初美国心理学家爱德华·李·桑代克（Edward Lee Thorndike）在动物实验研究的基础上提出的一种学习心理学理论。桑代克最著名的实验，是研究猫如何通过反复试错，从锁着的笼子里逃出来。这种试错的过程被他称为"联结主义"的过程。

28 重视项目化作业的价值

项目化作业也属于长周期作业，但它有自身的一些特点。通常情况下，项目化作业与教学活动是融为一体的。项目化学习的过程，也是项目化作业逐渐实施和完成的过程。

项目化学习发端于杜威"做中学"的理念。在杜威看来，学生基于真实的社会生活情境，针对有意义的任务和问题开展的学习活动，能够促进他们对所学知识的深入理解。和传统的学科学习相比，项目化学习促使学生、教师、学习材料和学习环境等做出根本性的改变。学生的学习活动由被动接受转变为主动探索；教师的角色从教学内容的讲授者转变为学习活动的促进者；学习材料从书本转变为现实生活中的各种问题；学习环境从教室变为真实的生活世界。在深化教育综合改革，着力培育学生核心素养的当下，项目化学习有着独特的实践价值，是一场学习方式的革命，也是教育高质量发展的应有之义。

项目化学习的特点和意义

长期从事项目化学习研究的美国巴克教育研究所（Buck Institute for Education）给出的项目化学习的基本要素框架，是各地开展项目化学习的重要理论基础。该框架由一个核心、七个要素组成：一个核心指聚焦的学习目标，即核心概念的理解和成功技能的发展；七个要素包括挑战性的问题驱动，持续探索，真实性，学生的发言权和选择权，重视反思，评价、批判与修正，公开的产品展示等。

从上述框架不难看出，项目化学习具有如下几个方面的特点：一是将核心概念与现实生活建立联系，基于现实生活开展学习活动；二是以实践为主，强调理论联系实际，注重所学知识在实践中的应用，在应用中促进所学知识的融会融通；三是学习活动具有生成性的特点，在持续探索的过程中，不断会有新问题、新情况发生；四是教师深度参与学习的过程，和学生一起实践、一起探索，倾听学生的心声，共同面对实践中出现的问题，在反思、评估的基础上共同商讨后续的探索路径和方向；五是探索实践最终可能没有唯一正确的答案。

实施项目化学习有着非常深刻的现实意义。首先，有利于促进公民教育。每个学生都将成为社会公民，他们要面对的都是现实生活中的问题。这些问题往往都是综合的，不是哪一个学科知识就能解决的，也往往没有确定答案，多数需要学生在两难之中依据自己的价值判断做出抉择。其次是帮助学生掌握走向社会之后的学习方式。学生进入社会之后，学习方式和在学校有很大的不同。学生要根据现实生活中的实际需要，在具体的工作实践中开展学习，在和同伴的合作交往中获得智慧，通过自己的不断反思获得成长。

项目化作业的类型

近些年来，结合核心素养的培育，项目化学习在各地都进行了探索和实践，也取得了不少经验成果。夏雪梅对上海实施项目化学习的主要做法进行了总结，认为可以归纳为三种主要类型：一是活动类型的项目化学习，二是学科类型的项目化学习，三是跨学科类型的项目化学习。[①] 相应地，项目化作业也就有如下三种类型。

○ 活动类型的项目化作业

校园生活和社会生活中有着各式各样的活动，如学校层面组织的科技节、读书节、体育节、艺术节，教研组层面组织的英语节、数学节、化学

[①] 夏雪梅.项目化学习的实施：学习素养视角下的中国建构 [M].北京：教育科学出版社，2020: 94.

节，学生自发组织的各种活动社团等，其中有一些还以课程的形态被纳入学校的正式教学活动中。教师如果从项目化学习的视角设计活动，以项目化学习的要求组织活动，可以有效提升传统的活动类学习的质量，让学生学有所获。

案例 28.1　体育亲子活动的设计与组织

作业任务：高年级的学生要为一年级的学生设计一个以体育活动为主的校园亲子活动方案。活动的地点是学校的室内操场，活动时间是两个小时，活动要充满趣味性、挑战性，能够让一年级学生积极参与，也能够让家长愉快地参与其中。

多数学校的体育节，都是学校和体育组教师精心设计并制定好规则，学生有序参与的大型活动。其实，教师也可以将它设计成一项由学生来设计和实施的项目化作业。学生要完成上述项目化作业，需要温习自己在一年级时所上体育课的相关活动内容，根据一年级学生的身心发展特点选择适宜学生、也方便家长参与的体育活动项目；需要根据各项活动的趣味性、挑战性，合理编排各项活动，以保证整个活动井然有序；要制定每项活动的基本规则，在鼓励大家相互竞争的同时，还要确保人员的安全；要对自己班级的同学有比较深入的了解，安排同学担任各项活动的裁判员，同时还要对整个体育亲子活动的实施加以策划，让每个高年级的学生明确自己的责任，知道在活动中的具体任务；要成立仲裁和组织机构，活动中发生的任何问题，都能做到及时做出评判，以维持体育亲子活动的有序开展。

这样的项目化作业，可以延伸到各项活动的设计和实施中。这样的项目化作业是学生亲身参与设计和实施的，他们不仅能够更加自觉地去完成，在其中的收获也是一般的作业不能比的。

◌ 学科类型的项目化作业

学科类型的项目化作业是指基于学科核心知识的学习，从与该知识相关联的一个现实问题入手，给学生设计项目化作业，引导学生以项目化学习的方式进行深入探究。

案例 28.2　暖宝宝烫伤之谜 [①]

作业内容：了解暖宝宝的主要成分，说明它为什么会发热。探究暖宝宝会造成烫伤的原因，分析影响化学反应速率的因素，得出正确使用暖宝宝的方法，反思废弃的暖宝宝如何处置。

任务	过程记录	用相关化学知识解释
任务1：阅读新闻材料，了解暖宝宝烫伤事故。		
任务2：查阅暖宝宝说明书，了解其主要成分及工作原理。	主要成分是：	工作原理是：
任务3：尝试分析暖宝宝造成烫伤的原因。	原因：	解释：
任务4：你认为影响化学反应速率的因素有哪些？能否设计相关实验进行验证？	猜想：＿＿＿＿＿＿等因素会影响化学反应速率。	实验检验：
项目成果：如何预防暖宝宝烫伤事故？		
反思：废弃的暖宝宝可以回收吗？	回收理由：	回收后你将如何处理：
过程自评	认真思考 (A B C D) 积极合作 (A B C D) 探究精神 (A B C D)	评价分四个等级，在相应的等级上打钩。
教师评价	认真思考 (A B C D) 积极合作 (A B C D) 探究精神 (A B C D) 项目成果 (A B C D)	

作业时间：一周。

---

① 吴秋月."双减"背景下的初中化学作业设计——项目化作业初探 [J]. 亚太教育，2022(07): 16-17.

教师可以从暖宝宝将人烫伤的新闻出发，将这一现实生活中的问题与学生所学知识相联系，帮助学生深入理解金属的性质，明确烫伤是因为铁粉氧化过快，即短时间内有大量氧气进入。在此基础上，教师可以尝试从内因和外因两个角度分析影响化学反应速率的因素，并设计实验加以探究，以深化学生对化学金属性质及其化学反应知识的认识和理解。然后教师再让学生回归到现实问题的情境中，体现学以致用的学习观。

英国数学家、哲学家、教育家艾尔弗雷德·诺思·怀特海（Alfred North Whitehead）说："不加以利用的知识是有害的。所谓知识的利用，是指知识要和生活实际相结合，和我们的感觉、情感、希望、欲望以及能调节思想的精神活动结合起来，毕竟这些构成了我们的生活。"[①]

○ 跨学科类型的项目化作业

跨学科类型的项目化作业具有如下几个特点：一是作业的提出基于现实问题，作业的实施过程以现实问题的研究和解决为依托；二是作业中的核心概念可以来源于某个学科，或某个学习领域，但作业所关注的不再是某一学科的问题，而是那些较为复杂的问题，需要学生对该问题有全面的认识；三是推动作业研究的思维方式也不局限于某一学科，学生主要以整合的、更加宏观的研究方式和思维模式来探索问题；四是学生通过实践探索和研究，会创造出新的产品，获得对事物的新认识。

案例 28.3　探索伟大的发明[②]

历年来，发明家完成了许多伟大的发明，其中有很多我们每天仍在使用，我们能够利用这些过去的创造成果来享受生活、保持健康和方便工作。

什么是最伟大的发明？是电话、电脑还是汽车？是眼镜、药品还是电灯？你和你的合作者必须选择并研究出你们认为最伟大的和具有长远价值的三项发明。

---

① 怀特海. 教育的目的 [M]. 张亚琴，鲁非凡，译. 太原：山西教育出版社，2022: 4.

② 康士凯，常生龙. 课题型课程的探索 [M]. 北京：高等教育出版社，2002: 42−43.

作业任务：你必须回答以下三个问题，并制作一份 PPT，再用 Word 写作一篇论文（至少包含 6 幅图片）。

（1）你认为最重要的三项发明是什么？

你的回答必须包含以下信息：对每项发明成果的描述，发明者是谁，发明的时间和地点，为什么你要选择这些发明。

（2）谁是它们的发明者？

你的回答必须包含以下信息：发明人的出生时间和地点；他（她）做什么工作；除了这项发明外，他（她）还有什么发明和贡献。

（3）这些发明有何应用？

你的回答必须包含以下信息：这些发明是如何帮助人们的，发明的主要原因是什么，举出若干今天我们应用这些发明的实例。

选择出你认为最重要的三项发明时，你和你的合作者必须一致同意选择这些发明。

根据你的研究来正确评价某些伟大的思想家。是什么使得这些天才发明家用毕生精力去完成令人惊异的成就？学着揭示其中的原因。

这样的项目化作业可以形成一个系列。比如：探索我国古代最伟大的发明，探索我国当下最伟大的发明，探索 20 世纪最伟大的发明，探索 2021 年最伟大的发明……

29 创设合作学习的契机

上海科技馆馆长倪闽景认为，人的学习具有鲜明的社会性本质。首先，知识的来源具有社会性，个体学习的知识都不是自己的创造和发明，而是千万年来人类社会不断发展和积累起来的。其次，学习的环境具有社会性，无论是家庭教育、学校教育还是社会教育，都是各方参与的过程。再次，学习知识的重要途径源于教师和同伴，学生在与人的对话互动中既学到了知识，又建立了关系。这种关系的重要性甚至超越了知识，是学习的重要成果。[①] 学习的社会性提醒我们，教育教学的全过程，都要将合作学习作为重要的学习方式，作业也不例外。

为什么要分工

先说我的一个课程观察案例。

案例 29.1 小组分工

我到一所小学听课。一个班级的学生组织开展外出考察的综合实践活动，教师给学生布置了一项作业——罗列外出需要注意的安全问题，并归纳了几个注意事项，规范学生的考察实践活动。学生完成了这一作业并进行了实践考察活动，教师希望学生"回头看"，再次思考作业中归纳的相关注意事项，看是否有改进的意见和建议。

在上课的过程中，有一个介绍小组分工的环节，小组学生介绍自己的

---

① 倪闽景. 学习的进化 [M]. 上海：上海科技教育出版社，2022: 16.

分工情况，每个小组都这样说：××和××负责思考，××负责记录，××负责发言，××负责小组的组织（组长）……看来教师肯定对此做过指导。

这个环节自然是想突出小组合作。合作必然意味着有分工，为什么要分工呢？如果一件事情没有办法让一个人单独完成，就需要通过分工的方式，让每个人承担其中的部分工作，这些工作的"集合"就是整个学习任务。没有办法完成一件事情，大体上有两种情况：一是这件事情一个人没有办法做，需要两个以上的人合作才能完成。比如丈量土地，就需要两个人配合拉卷尺；同时测量两个量的方位，通常一个人难以完成，需要两个以上的人互相合作。二是这件事情虽然一个人可以做，但在规定的时间内肯定完不成，需要将这件事情分解成几个部分，大家分头去做。

由此建立起来的合作团队，每个人都在为作业任务的完成而努力。从解决问题的角度看，大家承担的思考任务是一样的，不会出现个别人思考，其他人不需要思考这样的荒唐说法。只是在具体实施的过程中，因为任务的分配不同，每个人需要做的事情不同。

一些在课堂上开展的合作学习，以及在课后安排的合作性作业，之所以虎头蛇尾，难以达到预期的效果，很有可能是因为这项任务原本一个人就可以独立完成，而我们却人为硬性规定必须用合作和分工的方式。

实现合作的要素

教师设计出了需要合作的作业后，要找到合适的学生，使他们各自承担不同的任务，共同完成作业，也不是一件容易的事情。

案例 29.2　排练一出戏剧

为了强化美育、深化高中艺术课程改革，我在教育局工作期间，做了这样一件事情：每年编排一部与区域的历史文化题材相关、对今天的中学生有教育意义的戏剧，除了专业的编剧、导演、舞美设计、音乐制作之外，剧组的场记、部分道具的制作、道具（服装）管理、剧务、通讯稿撰写、海报设计……均由对舞台表演了解甚少的高中生完成。

组织者要从全区高中生中海选演职人员，对他们进行表演基本知识的培训和表演技能的训练，根据他们在训练中的表现来发现他们的特长，和他们协商分配相应的工作以及角色……这是一个非常艰难的过程。不少学生都想担任主角，一些学生不知道自己的特长在哪里，部分学生受不了训练的苦，有的学生常常为参加戏剧排练还是抓紧课余时间复习文化课而纠结……剧组的组织者要调查了解每个学生的心理状态，帮助他们找准自己的定位，让他们不管担任主角还是配角，不管是做演员还是做幕后工作者，都能心情愉快地在团队里忙活……就这样，每一个暑假，这些没有任何舞台经验的学生都能发生脱胎换骨的变化，他们用自己的辛勤付出为全区的师生奉献了一场场赏心悦目、令人惊艳的大戏。

要实现团队合作，首先是组成团队的成员之间要建立信任的关系，大家都抱着"心甘情愿与你合作"的良好心态来完成这一任务。学生相互间知根知底，知道彼此的特长是什么，能够发挥每个人的长处来将这一共同任务向前推进。其次是各种任务的分配、每项工作的责任等都能通过互相协商的方式来讨论，在取得一致意见的基础上加以实施。再次是有一个推进任务前行的工作流程和任务单，每个人都知道自己在什么时间做什么事，也都清楚整个任务的进展状况。当某个成员在工作中出现状况时，大家能够及时补台，确保任务按照时间节点推进。从次是大家都有不断反思的意识，会及时报告自己承担的任务的实际进展情况，会根据工作实际提出优化的方案和建议，即便这些建议没有被团队采纳，也不会心生怨气，仍然心情愉快地把各项工作做好。最后是尊重团队中每个成员的劳动成果，在任务完成之后善于总结，不断提炼团队合作的好经验，为后续的团队建设积势蓄力。

合作性作业的类型

教师设计的合作性作业，根据合作者以及作业自身的特点，可以分为以下几种类型。

○ 需要家长或专业人士配合完成的作业

教师给学生设计的作业中，有一些必须要两个人配合才能完成，比如听算练习、默写等。有一些虽然在具体实施的过程中不需要家长或专业人士具体参与，但在前期需要他们提供相应的作业材料，为学生创造完成作业的基本条件，比如动手制作类的作业等。家长或专业人士不是替学生完成作业，而是给学生做作业提供必要的条件。

案例 29.3　点亮小灯泡

作业要求：准备一节一号电池、一个小灯泡和两根导线。将它们连接起来，让小灯泡亮起来。画出你连接起来的回路的图示。说明在实验前，做了哪些准备工作；在实验中碰到了什么问题，是如何解决的；通过实验，有什么发现或收获。

○ 基于学科知识的合作性作业

合作能力是核心素养培育中的关键能力之一，在各学科的教学内容中多有体现。教师要善于挖掘学科教学内容中适宜培养合作能力的要素，做出精心的设计。

案例 29.4　共点力的合成实验

共点力的合成是高中物理力学部分的重点内容，是学生从初中一条直线上的二力平衡过渡到高中一个平面内三力之间平衡一个非常重要的升华点。用一个力将橡皮绳的节点拉到一个固定的位置 O，并记录拉力的大小和方向，是初中二力平衡原理的实际应用，学生一个人就可以独立完成。但用两个力同时来拉橡皮绳，仍将它拉到定点 O，并记下此时两个力的大小和方向，这件事情无论如何一个人是无法完成的，必须要两个人开展合作。因此这个实验是合作性作业设计一个很好的载体。

在这个实验中，最好的合作方式就是两个学生进行互动，每个人各自承担相应的任务，通过分工合作共同实现作业的要求。有的教师为了省事，把4—6个学生分为一组，让他们来做共点力合成的实验。其中的2—4个学生在实验过程中无事可做，只能作为旁观者。我们很难通过这样的作业设计来让学生亲身体验"合作"。

○ 在长周期作业中倡导合作性学习

如前所述，长周期作业因为时间跨度比较大，涉及的因素比较多，一个学生去做这样的作业往往难度比较高，最适合通过合作学习的方式推进。在长周期作业实施的过程中，学生需要与多方沟通，既要与小组同学之间进行互动合作，还要与作业实施过程中来帮助和支援的各行各业的人士进行交流与合作。

案例 29.5   一个访谈小组的调查手记

2月5日，我们课题小组来到五角场附近的淞沪路，进行第一次问卷调查。虽然已经做了很多的思想准备，学生们走在路上还一个个说得头头是道，但一到了地方，仍然感到很紧张。大家你推我，我推你，都羞于开口。好不容易张口了，说话又支支吾吾、吞吞吐吐的，讲了半天，别人也不知道我们在说些什么。好在我们带了学生证可以证明身份。但半天下来，我们只采访了22人。

2月8日，我们来到五角场附近的邯郸路。有了前几天的经验，这次我们明显不太拘谨了。我们发现在询问之前先给别人一个微笑，效果非常好！同时也发现行人比上次配合多了。在这次调查中，我们增加了对被调查人基本情况的调查，以了解职业特点是否与读报习惯有关。这次我们完成了31份调查问卷。

2月9日，我们来到五角场附近的黄兴路进行调查。由于我们已经积累了一定的经验，所以虽然时间比第一次少了近三分之一，但是却得到了44份调查问卷。在调查的过程中，我们一次又一次地向被调查者解释和表明自己的身份、目的和要求，即使累了、倦了，仍旧满面笑容地去调查。有些人还没有等我们把那些"开场白"说完，就头一摇、手一甩，扬长而去。我们在一次次挫折中"爬"起来，再去寻找另一个"目标"，完成了一份份调查。

2月17日，我们在五角场附近的翔殷路进行调查。这已经是第四次调查了，新鲜的感觉已经荡然无存，但我们的调查却更加熟练了。我们在询问时，语言更加令人有愉悦感，行人也愿意对我们报以微笑。我们很高兴，我们找到了一种成功的人际交往方式。今天破天荒地完成了 68 份调查问卷，连我们自己都没有想到。我们不禁产生了这样的冲动："有没有哪家用人单位雇佣我们做社会调查员呀？"

从这样的调查手记中，我们可以明显地看出学生在和异质群体互动过程中，学会了如何通过自己的努力，获得别人的信任和合作，他们自己也收获了成长。这不正是教育追求的目标吗？

30 探索数字化作业

人类已经进入高度发达的数字化时代，教育也正走入与人工智能、大数据等数字化技术高度融合的新时代。作业的设计也将与时俱进，与数字化技术充分融合，以新的姿态助推教育的高质量发展。

将原本印刷在纸张、书本上的作业，转变成数字的形式储存在云空间，人们在需要的时候通过智能媒体下载，这样的作业还称不上是数字化作业。真正的数字化作业应该具备如下几个特点。

时空维度的多元呈现

受印刷技术等因素的影响，传统的作业无论是文字还是图像，都被限制在静态的二维平面内，那些原本立体的图景，因为受呈现方式所限，学生理解起来往往比较困难，导致在作业的环节上出错。比如高中物理教材中介绍的等量异种电荷的电场线，书中只能给出平面图，不少学生就很难想象其电场线的空间分布。

数字化作业有如下几个特点。一是摆脱纸质平面对图像呈现方式的束缚。增加一个维度后，物体可以以本来面貌三维立体地呈现出来。物体还可以全方位地旋转，学生可以从不同的角度来观察该物体，获得对物体多元化的认识。二是赋予作业情境时间的维度。事物的变化可以通过视频、动态变化等多样化的方式被展示。学生可以从中找寻变化的规律，探究问题的答案。学生完成作业的过程，也可以从时间的维度加以标识，教师在研究学生的作业答案时，就能获得类似于"速度快又准确、速度快不准确、速度慢但准确、速度慢也不准确"等多样化的作业信息，更好地理解学生的解题过程，挖掘其中所蕴含的教育意义。三是有可能通过虚拟现实、增强虚拟现实等技术手段，在作业情境中进一步增添听觉、嗅觉、味觉等多元化的信息，给学生营造身临其境之感，调动学生多个感觉器官来共同感知一个事物、一种现象，促使大脑中更多神经元之间链接的形成。

案例 30.1　用虚拟仿真技术做作业

虚拟仿真是指依托虚拟现实、多媒体、人机交互、数据库、网络通信等技术，生成一个逼真的，具有视、听、触等多种感知的模拟物体或模拟场景，将抽象的知识具象化，让学生在 3D 空间里开展学习活动，完成相应的作业。例如生物课上那些解剖动物的实验和作业，每次都会给生物教师以及实验员带来极大的挑战。有了虚拟仿真系统之后，教师只需要打开仿真系统，学生通过 VR 等技术就可以体验解剖的各个环节，而且可以根据自己的需要一次次地重复，直到自己熟练掌握相关操作要领为止。

虚拟仿真系统能够做到的事情远远不止这些。有一些现象稍纵即逝，即便是通过实验研究也很难观察到。虚拟仿真系统可以以非常缓慢的速度慢动作播放这样的变化过程，便于学生观察现象变化的细节，找到事物的关键。学习很多抽象的知识时，为了便于学生理解，教师经常采用制作教具或模型、带领学生到现场参观等方式。但学习一个知识点就将学生带出去走一次成本太高，为每一个抽象的知识购买教具和模型代价也太大。虚拟仿真系统就可以解决这些难题，让知识变得更加亲民。有一些学习内容，教师让学生亲身去体验会有危险，虚拟仿真系统是很好的替代方案，比如化学课中粉尘的爆炸实验、一氧化碳的还原实验等。在劳动技术课程中，虚拟仿真系统更是可以让零件和仪器统统"活"起来，甚至可以让学生360 度无死角地把玩。而课堂进度和相应的作业则变成了如同游戏通关一样的小竞赛。

自适应的作业系统

自适应学习技术，自 20 世纪 70 年代起就开始被大量研究。从作业的角度看，主要有三种类型的研究范式：一是教师根据作业的难度、关联知识的复杂程度等将作业分为不同的水平或者层级，让学生自己决定做什么层级的作业，做到什么程度。对所有学生来说，作业的总量和编排顺序是不变的，变化的是学生个体对作业的选择。前段时间风靡网络的 MOOC[①]与此非常相似。二是教师依据学生的学习风格、兴趣爱好等将作业分为不同的类型，也就是给学生铺设几种不同的作业路径，学生在比较各种类型作业的特点并对自己的实际能力进行评估之后，选择某一类型的作业进行探究。三是教师布置基于规则的自适应作业，即在作业系统中设置相关的规则，比如"如果该难度的作业学生能做对 80%，就给他推送更高一级难度的作业"就是一个规则。作业系统设置的规则可以很简单，也可以很复杂。越是复杂的规则系统，越能针对学生作业中的具体情况，给出更加适切的学习方案，帮助学生拾级而上。

案例 30.2　牛顿公司的自适应学习平台[②]

Knewton（牛顿）公司成立于 2008 年，是一个自适应的学习平台。它为学生学习数学等基础学科和阅读提供内容推荐服务，引导学生进行最适合他的下一步学习和活动，当学生在学习中遇到困难时，自动降低学习的难度以适应学生的发展。

在技术上，这个平台不仅能提供错题本，还运用了一些复杂的逻辑，为学生讲解答疑。系统里有大量内容，并用到了一些统计分析的模型，当学生完成一项作业或者在学习中遇到障碍的时候，系统会自动分析此时最应该呈现给学生的是哪一个知识点，判断哪些适合学生开展学习。

系统会给每一个作业内容打分并加以标注，方便这些作业内容根据分数排序。而对作业内容打分的一个重要基础就是知识图谱，以及它们之间的相互关系，知识图谱让系统更好地决定哪个作业内容是最适合学生学习的。这套算法系统能够更准确地判断学生的真实水平，为学生推荐与其水平相适应的学习内容，通过不断提问和数字化作业的测试判断学生的真实

---

① 英文全称为 Massive Open Online Courses，即大规模在线公开课。

② 常生龙.核心素养与学习的变革 [M] 上海：上海教育出版社，2020: 151－152.

水平，再为学生提供与其水平相适应的学习辅导。

在平台上，如果学生在作业测试过程中遇到困难，系统就会不断地降低作业难度，直到适合学生可以掌握的知识水平。同样，如果学生水平很高，平台就会不断增大作业的难度，直到学生遇到学习困难。连续的自适应学习能够以多选的模式和自由作业反馈两种方式，及时给学生发送个性化的反馈，保证学生注意力集中，或者能够快速自我修正，这将调节学生学习的步调，实现迭代发展和快速学习。

自适应学习系统能够建构一个学习社区组织，来改善学生的学习参与度。例如，牛顿公司根据学生使用教材的不同，将学生进行一级分组，再根据学生作业复查机制和学生的能力反馈结果进行二级分组，使每组组员的能力可以互补。自适应学习用一种游戏的方式，悬疑性地逐步增加作业的难度，让学生过关式地进入到下一个要学习的层次。它强化多种游戏元素，可以将适应性学习真正转化为游戏性的学习体验。

自适应学习技术的基本原理是：搜集大数据—构建学习模型—输出学习建议。这其中，学习模型的构建是关键，需要运用计算机科学、数据科学、机器学习、认知科学、教育测量学、学习心理学等多个学科的相关知识和技能来打组合拳才能实现。过去，由于技术本身的限制，以及在教育领域的研究和投入力量不够，开发出来的自适应作业系统主要针对拍照搜题、口语测评、组卷阅卷、作文批改、作业布置等作业的外围环节，发挥的是对学习的辅助作用。近些年来，随着这一技术的日益成熟以及和教育教学的融合逐渐深入，它即将成为促进学生个性化学习的重要载体。

没有确切答案的作业

最近这些年，在各种类型的考试中，防范考生将手机等智能设备带入考场作弊是考务组织的重点工作之一。为什么如此担心考生将智能设备带入考场？一个很重要的原因是很多试题都是有着确切答案的。这些知识在互联网上广泛存在着，一旦学生能够利用智能设备上网且具备基本的搜索能力，就能找到试题的答案。问题是，"道高一尺，魔高一丈"，随着科学技术的进一步发展，我们终将发现，如果不关闭卫星或通过手术移除植入人体的装置，我们很快将无法把智能设备、互联网挡在考场门外。智能设备和互联网一旦进入考场，将颠覆现行的评价体系以及迎合它的教学方法，就像互联网摧毁纸质的百科全书、黄页、地图以及其他纸质资源一样。

如果考试和评价体系都不得不做出变革，作业也需要做出变革。在便携智能设备如此普及的数字化时代，那些事实性的知识，有着确切答案的问题，虽然是学习中必不可少的内容，但不应该再成为数字化作业的核心，因为家庭作业是在课后完成的，学生可以利用各种智能设备通过互联网搜索问题的答案。数字化作业应该聚焦那些没有人知道答案的问题，学生在解决这些问题的过程中，若需要用到已知的知识和经验，可以借助互联网和智能设备来查询，但他必须要通过自己的努力，来为这个没有答案的问题找寻一种解释的路径和方法。这样的学习，直接与现实生活相联系。生活中的很多问题，往往就是没有确切答案的。

面对这些没有现成答案的问题，学生会借助互联网的海量资源，做相关的检索和查询，做相关的联系和链接，以形成自己对问题的看法。作业关注的内容不仅仅局限于作业涉及的知识本身，还包括学生在网络上搜索了哪些资源，用了多长时间等。自适应的作业系统，会增加一些规则，构建起学生作业处置过程的多元评估机制，对学生的作业行为开展自动分析和评估，告诉学生哪些方面做得非常出色，还有什么资源可能对问题的解决有帮助，激励学生把探索性的作业做得更好。

后　记

对作业的研究和思考，伴随着我的整个教育工作历程。

我是 1985 年走上教学岗位的。当时各种教学资源、作业资源都非常匮乏，像现在这样铺天盖地的习题集、练习册，以及海量的数字资源，在那时是不可想象的。我走上工作岗位后，领到的一套最重要的教学器材，就是刻写笔、钢板和一筒蜡纸。每次备课时，我都会考虑这节课的核心内容是什么，传递给学生的重要的思想方法是什么，要给学生编制怎样的作业才能做到讲练结合，帮助学生在课后进一步巩固知识、锤炼思维。作业来自何处？除了借助教材配套的练习之外，大多要靠自己四处找寻，根据课堂教学的实际进行重新编排，然后刻印成蜡纸，油印出来让学生练习。

为了减少蜡纸刻印的数量，我总想办法精简作业，用适量的作业来达到尽可能好的教学效果。我从大学的图书馆里找寻各种作业素材，订阅了当时所有与中学物理相关的杂志，从中寻找可以给学生编制作业的原材料，然后结合每节课的教学内容，为学生选编适量的作业。我会反复推敲自己选编出来的作业是否突出了这节课的主旨，是否给学生搭设了思维进阶的阶梯，是否能让学生在完成作业的过程中既巩固了所学知识，又得到了新的启发……作业的研究看似只是教学环节中不起眼的一环，但非常有助于提升教学目标、教学内容与学生作业练习等环节的一致性，对教师提升自身的教学水平也大有裨益。我所在的学校是一所大学新创办的附属中学，我是在这所学校创办的第二年入校成为物理教师的。走上教学岗位就需要独当一面，这对我来说是非常大的挑战。正是始终以研究的心态对待每天的教学，研究每一节课的作业，让我在教学岗位上快速成长起来。在工作的第十个年头，我出版了《物理试题分析与研究》一书，总结梳理了自己在物理学科作业设计与布置、试题分析与研究等方面的相关思考。

1998年调到上海工作之后，我正好赶上上海市"二期课改"，基础型课程、拓展型课程、研究型课程的三维课程体系为我打开了一扇全新的大门。我的研究重点从教学研究转向课程研究，特别是有关研究性学习领域的研究。组织学生开展研究性学习，一个非常重要的载体就是长周期作业，即让学生在一段较长的时间内围绕某一主题展开深入的研究和思考。这有点教授带领大学生做课题、写毕业论文的意味，只不过当时基础教育阶段的教师较少有这样的实践经验。为了推动学生研究性学习活动的深入开展，学校利用上海高校林立的优势，邀请了一批在各个领域知名度较高的大学教授走进高中，和高中生互动交流，发现学生的兴趣爱好，并在此基础上给他们设立相应的课题，鼓励他们积极开展研究。学校为每位教授配备了一名中学教师做助教，其主要任务就是向大学教授们学习如何指导学生做长周期作业。我是其中的一名助教，在跟着教授学习的同时，还负责组织全校研究性学习活动的开展。

因为要组织、推进师生共同开展研究性学习活动，我需要对长周期作业的特点、类型、设计流程、实施策略等进行多样化的实践和探索。学校的教师也很有积极性，大家发挥各自的特长，围绕不同类型的长周期研究性学习作业，做出了各具特色的研究。我的主要职责就是将他们的探索实践成果加以梳理，形成具有规律、可复制的经验，在更大的范围内推广。我曾带领部分课题研究小组成员到中国香港以及韩国釜山等地开展交流互动，分享长周期作业相关的经验，我还被上海市教委教研室选为上海市研究型课程项目组核心成员，在课程方案的制定、研究型课程教师指导手册的编写、研究性学习案例的选编等方面做出了自己应有的贡献。我自己也一直在物理学科深化以课题研究为特征的研究性学习长周期作业实践活动，出版了《高中物理课题研究》一书，还因此被评为上海市物理特级教师。

2009年12月，上海市教委教研室成立研究小组，探索如何抓住"作业"这一承上启下的教学关键环节，通过提升作业的品质来提高教学效益，减轻学生过重的课业负担。我作为该研究小组的成员之一，参与了有关研究思路、研究内容、研究方法等的多次论证和讨论。2010年9月，上海市教委教研室重点项目"提升上海市中小学作业品质研究项目"正式启动，我作为该项目的负责人、专家组组长，负责组织该项目的实施。该项目还以不同学段的不同学科为依托，启动了9个子项目，每个子项目采用和区县合作的方式，在总课题组的协调下，开展学科作业品质提升的实践研究。遗憾的是这一项目研究我没能坚持到底，2011年11月我担任上海市虹口区教育局局长之后，因为分身乏术而退出了项目组。

虽然退出了项目组，但我对作业问题依然保持着高度的关注。近些年来，我一直关注"提升上海市中小学作业品质研究项目"的研究，项目组的各项研究成果我都及时阅读，并做好资料的存档工作。全国各地的教育工作者近些年来在作业方面开展的实践研究工作，我也会检索和学习，不断丰富自己对作业的理解和认识。本书就是我在这些年持续学习的基础上，整合自己在教学实践中的经验体会撰写的。书中未注明出处的案例，大多是我在听课的过程中，或者指导学生进行长周期作业实践的过程中梳理出来的。在此，要特别感谢上海市教委教研室为我提供的学习机会，感谢各位老师、各位同学为这本书提供的智慧。

还要感谢北京源创教育研究院吴法源院长对我的信任，他为了这本书的出版曾专程找过我，给了我很大的信心。因为各种原因，这本书的撰写工作前后持续了很长时间，法源和他的同事泮颖雯老师给予很大的耐心，让我非常感动。感谢上海教育出版社一以贯之的支持和帮助，使得这本书能够顺利出版。

要感谢的人实在太多，限于篇幅，就不再一一列举了。

作业问题，既是学生学业负担沉重的缘由，也是教育高质量发展重要的抓手。热切希望有更多的教师将目光聚焦在作业方面，花更多的时间在作业的设计、编制和研究上。相信教师在这方面持续投入，所获得的回报一定会让自己也感到惊讶！

图书在版编目（CIP）数据

作业设计的 30 个原则／常生龙著 . -- 上海：上海
教育出版社，2023.10（2024.11 重印）
　（源创图书）
　ISBN 978-7-5720-2300-2

　Ⅰ.① 作… Ⅱ.① 常… Ⅲ.① 学生作业—教学设计—
中小学　Ⅳ.① G632.46

中国国家版本馆 CIP 数据核字（2023）第 187493 号

策　　划　源创图书
责任编辑　董　洪
特约编辑　吴法源　泮颖雯
责任印制　梁燕青
内文设计　许　扬
封面设计　奇文云海

Zuoye Sheji De 30 Ge Yuanze
作业设计的 30 个原则
常生龙　著

出版发行　上海教育出版社有限公司
官　　网　www.seph.com.cn
地　　址　上海市闵行区号景路159弄C座
邮　　编　201101
印　　刷　北京华宇信诺印刷有限公司
开　　本　710×1000　1/16　印张　12.25　插页　1
字　　数　173千字
版　　次　2023 年 10 月第 1 版
印　　次　2024 年 11 月第 3 次印刷
印　　数　9,001—12,000 本
书　　号　ISBN 978-7-5720-2300-2/G·2039
定　　价　58.00元

如发现质量问题，请向本社调换　电话 021-64373213